Walter W. Braun

Neues aus Resi's
Gedichte - Werkstatt

Poesie in Dur und Moll

Bibliografische Information der Deutschen Nationalbibliothek: Die Deutsche Nationalbibliothek verzeichnet diese Publikation in der Deutschen Nationalbibliografie; detaillierte bibliografische Daten sind im Internet über http://dnb.dnb.de abrufbar.

© 2021 Walter W. Braun – Schwarzwaldautor
überarbeitete Version von 2015
Illustration: Walter W. braun
weitere Mitwirkende: Theresia Braun

Herstellung und Verlag: BoD – Books on Demand, Norderstedt
ISBN: 978-375-437-420-7

Inhaltsverzeichnis

Vorwort

Dieses Buch ist meiner Frau gewidmet, aus deren Feder die Gedichte und Verse entstammen.

Seit Jahren ist es für sie ein Ventil, Gedanken in Reime zu formen, Gefühle und Stimmungen in Worte zu gleiten und auszudrücken.

Zu vielen Anlässen, Feiern und Festen gab ein Gruß in Gedichtform von ihr den richtigen Rahmen, sagte Dank oder brachte das zu feiernde Ereignis prosaisch auf den Punkt.

Manche Begebenheit wurde augenzwinkernd glossiert und damit humorvoll ein Blick in zwischenmenschliche Beziehungen gerichtet, mit Humor sich an denkwürdige Ereignisse erinnert und so zeitlos dokumentiert.

Die zu temporären Anlässen niedergeschriebenen Zeilen sollen nicht einfach so in den Wind gesprochen sein oder ungehört ins Meer der Ewigkeit fließen. Mögen unsere Kinder und Enkelkinder, Freunde und Bekannte auch noch in Jahren gerne einmal darauf zurückgreifen und sich in einem stillen Augenblick an den Gedanken und Empfindungen erfreuen oder andere daraus mit einem Vers, einem Gedicht, eine Freude bereiten.

Walter W. Braun

März 2015 – überarbeitet Oktober 2021

1

Gedichte im Jahreslauf

Augenblicke

Herz, kannst du den Zauber verspüren?
Sind deine Augen noch bereit?
Wo öffnen sich der Wunder Türen,
Zu sehen die Welt im bunten Kleid?

Sieh die zarten Blumen am Wegesrand,
So fein und buntleuchtend anzuseh'n.
Es ist Leben aus des Schöpfers Hand,
Geh' nicht weiter, bleib einmal stehn.

Blaue Veilchen erfreuen deine Augen,
Zwischen Kuckucksklee und Moos.
Auf einem Dach da gurren Tauben,
Blüten sinken leise in deinen Schoß.

Linde Frühlingsdüfte künden schon,
Von angenehm schöner Jahreszeit.
Hör', dort im Wald ein Jubelton,
Schier endlos fern und doch nicht weit.

Greise sitzen müde auf der Bank,
Satt von des Lebens praller Fülle.
Doch Alter ist nur (k)ein Tatbestand,
Sie genießen mit Hut und Brille.

Frische Farben leuchten kunterbunt,
Über dir lacht das blaue Himmelszelt.
Gar lieblich lächelt ein Kindermund,
Weiß nichts von einer bösen Welt.

Nicht Mühsal ist's, was Gott uns gibt,
Es ist nur selbstgemachte Pein.
Er, der die Menschen über alles liebt,
Will Friede schenken Groß und Klein.

Tod ist in Unumgängliches zufügen.
Verneinen wäre sich selber zu belügen.
Den einen die Reue schier erdrückt
Und mancher an Tränen fast erstickt.

Im Bösen kann nichts an Wert gedeihen.
Gutes muss dem Schönen sich weihen.
Im Nebel der Zeit sich alles verliert,
Oft der Mensch nach Unwichtigem giert.

Ein Abendrot vergoldet das Land in Stille,
Vereint die Erde mit des Himmels Fülle.
Sehende werden es nicht verstehen,
Blinde wissen mit dem Herzen sehen.

Was wären Glocken ohne hellen Klang,
Lerchen ohne jubelnden Lobgesang?
Ein unschuldig Kind das niemals lacht,
Liebe die nie im Menschherz erwacht?

Was ist Gegenwart ohne Vergangenheit,
Erinnerung ohne froh gelebte Zeit?
Sucht man dazu nach einem Schlüssel,
Heißt, sich auch mal beugen müssen.

Wollen Wirken ohne Zank und Streit,
Sich von Herzen schenken stets bereit.
Mit weitem Herzen Freude bringen,
Jeden Tag mit Frohsinn neu beginnen.

Nur der, wer selbstlos sich verschenkt,
Den Nächsten achtet, an andere denkt,
Ist Reich im Leben, nie ein armer Tor,
Ihm öffnen sich Herzen, Augen und Ohr.

Zeit

Zeit in der Unendlichkeit, nur ein Wort,
Dem einen zur Last, dem anderen Sport.
Zeit ist Mühe, viel Arbeit, reichlich Geld,
Synonym für so manchen Tand der Welt.

Zeit ist für jeden ein anderes Ziel.
Der eine hat wenig, andere sehr viel.
Zeit, was ist sie für dich und für mich?
Sie sinnvoll einzusetzen, denke ich.

Oder mich nur durch Tage hetzen?
Denkst jetzt und heute mich abwetzen.
Morgen ist morgen, das hat noch Zeit.
Zeit fließt hinein in die endlose Ewigkeit.

Zeit ist dir gegeben in Freud und Leid.
Kennst du auf Erden deine Lebensfrist,
Die dir vom Schöpfer gegeben ist?
Sie täglich gut nutze zur Fröhlichkeit.

Zeitgewinn

Zeit zu haben ist ein wahrer Gewinn.
Zeit zu sehen des Nächstens Not,
Zeit man nimmt für eine Handvoll Brot,
Zeit ein paar Worte miteinander reden,
Zeit zu schenken mit offenem Sinn,
Zeit zu sich dem anderen hinzugeben,
Zeit sinnvoll dem Tag hinwenden,
Zeit in Liebe an andere zu denken.

Einfache Tage

Einfach kurios sind so manche Tage,
Sie kommen schnell wie ein böiger Wind.
Machen mich hilflos in banger Frage
Und mich sein wie ein unschuldig Kind.

Antwort zu geben wäre mein Begehr,
Doch dabei tut sich die Zunge schwer.
Antwort des Herzens als wärmendes Licht.
Nein sagen hören kann man Herzen nicht.

Man müsste einen Sender einjustieren,
Der laut signalisiert: „Ich liebe dich“.
So bleiben nur Gedankenworte verlieren,
In heimlicher Liebe gebe ich mich.

Trotz Tränenflut in Pianissimo oder forte,
Liebe daraus etwas Besonderes macht.
Pflege sie sorgsam, dieses hohe Gut,
Das tief im Innern jedes Menschen ruht.

Die Uhr, Sinnbild der Zeit am Ortenauer Weinpfad bei Oberachern

2

Jahreszeiten

Januar

Begonnen hat ein neuer Jahreskreis,
Was es bringt? Noch keiner es weiß.
Doch ab Dato ist uns allen eines klar,
Wir müssen uns schicken ins neue Jahr.

Was uns werden wird ist noch verborgen,
Seien's Freuden, Sorgen oder viel Glück,
Die Zeit wird es zeigen, Stück für Stück,
Was noch diffus im Nebel liegt verborgen.

Wohl wissend, die Tage eilen rasch vorbei,
Dabei wird uns viel zum faden Einerlei.
Doch birgt nicht jeder Stunde eine Frist?
Wie im alten, es auch im neuen Jahr ist.

Eis und Schnee

Glatt ist's geworden und das seit Wochen.
Hart zeigt sich der Winter ungebrochen.
Vor den Türen, dem Tor und unserem Haus,
Sehe ich Berge von Schnee, oh Kraus.

Des Bürgers Weg ist schon pflichtgeräumt,
Nur die Kommune das sträflich versäumt.
Unsere Straßen laden zum Schlittern ein,
Sturzgefahr besteht für Groß und Klein.

Sie werden für Bürger zum Eierlauf,
Das Räumkommando nimmt's in Kauf.
Weil allbekannt das Stadtsäckel hat Löcher,
Bleiben nur noch wenige Pfeile im Köcher.

Doch wären davon mehrere vorhanden,
Würden sie trotzdem im Nirwana landen.
So droht auf glatten Flächen zu fallen,
Da kann der Mensch seinen Unmut nur lallen.

Wer ist da, nun zu tadeln und zu belangen?
Und hat in der Stadt solch Fehler begangen?
Die Order des Streudienstes ist bekannt,
Zuerst alle Autostraßen sind vakant.

Kleine Nebenstraßen, schmal-enge Wege,
Davon ist heutzutage nicht mehr die Rede.
Wer macht sich bei sowas noch Gedanken,
Leute reißt nieder die hemmenden Schranken.

Denn nicht nur über eins Bürgers Pflicht,
Sitzt manch einer gern ein streng' Gericht.
Denn ohne Hilfen, die den Mangel aufwiegen,
Schnell kommt man im Krankenhaus zu liegen.

Wo Bürger sich dank Bein- und Knochenbruch,
darf erfreuen am Bürgermeisterbesuch?
Ja, nicht immer hilft nur die Bürgerpflicht,
Den Kommunen steht es auch gut zu Gesicht.

Flöckchens Tanz

Oh welch wildtanzendes Gewimmel,
Schneeflöckchen wirbeln vom Himmel
Hauchzart sind sie, eine Feder gleich,
ein filigraner Kirstall, blütenleicht.
Lautlos schwebend auf ihrer Reise,
Bedecken sie das Land auf ihre Weise.

Der Februar

Die Februartage sind leicht reduziert,
Der Monat mit 28 Tagen nicht brilliert.
Gerechnet an der üblichen Tagesbilanz,
Fehlt's ihm ein Stück an der Substanz.

Wer gar am 29. auf die Welt gekommen,
Hat schnell das Datums-Dilemma vernommen.
Geht diesem Tag nicht ein Schaltjahr einher
Macht's Geburtstagsfeiern ihm schwer.

Doch wer nur alle 4 Jahre kann älter werden,
Hat mit 60 noch längst keine Beschwerden.
Zählt gerade 15 Geburtstage, hat noch viel Zeit,
Dabei ist er schon viermal so gescheit.

Gefeiert wird dennoch, das wär' ja gelacht,
Die Nacht des 28. wird zum Tage gemacht.
Da wird gefeiert bis in den Morgen,
Und weg sind sie, die Geburtstagssorgen.

Fastenzeit

Hurra, Hurra, das Fasten hat ein Ende.
Endlich naht mit Ostern ein Feiertag.
Und mit ihm die angedachte Wende.
Vorbei Fleischlos ohne Wenn und Aber.

Nicht einmal ein Fischlein, klein und karg,
Dem Hungrigen im Topf, der Pfanne lag.
Rein vegetarisch sollte man nur leben,
Auch verzichten auf's leckere Frühstücksei.

Stattdessen sich viel mehr bewegen,
So gehen auch Tag und Nacht vorbei.
Der Ostertag bringt's jetzt ans Licht,
Ob weniger Kilo, sprich Körpergewicht.

Nun gilt die Parole, ran an den Braten.
Dennoch seit vernünftig und gescheit,
Gewöhnungsbedürftig ist's für den Magen,
Nach Wochen der bitteren Enthaltsamkeit.

Erwarten soll uns nun ein frohes Osterfest,
Wünschen allen ein wohlgefülltes Eiernest.
Eltern, Kinder, Tanten sind nun eingeladen,
Genießen die Freuden aller üppigen Gaben.

März

Anemonen fein, weiße Märzenkrügchen,
Schmücken uns wieder Tisch und Stübchen.
Gelbe Schlüsselblumen, zarte Schneeglöckchen,
Wiegen sanft ihre kleinen Köpfchen.

Weidekätzchen blinzeln in den Morgen,
Sonnenstrahlen sind wärmer geworden.
Der Tag hält es abends viel länger aus,
Ein Ahnen streift als Hauch durch's Haus.

Bauer samt Rösslein hat sich aufgemacht,
Letzter Schnee schmilzt still und sacht.
Bestellt muss werden in Wald und Flur,
Sich regen und streben will die Natur.

Der Winter sagt unwillig und so peu á peu,
In der Märzensonne tschüß und adieu.
Nur einem laschen Intermezzo gleich,
Es doch noch da und dort etwas schneit.

Frühling

Nun ist sie gekommen, die schönste Zeit,
Und zeigt sich uns im bunten Blütenkleid.
Helle Sommerstrahlen, gleißender Schein,
Holde Natur erwacht zum drängenden Sein.

Gesponnen werden nun Frühlingsträume,
Weben durchdringend Orte und Räume.
Frühlingslüfte voller Wärme und Licht,
Tautropfen sanft im Morgenrot bricht.

Wo Herz und Auge sich wollen gütlich tun,
Mag Poesie über Stadt und Lande ruhn.
Über allem das azurblaue Himmelszelt,
Wie klein wird da alles Treiben der Welt.

Prächtig erblüht neu der Fliederbusch,
Verliebte tauschen jetzt Herz und Kuss.
Vogelpaare turteln nach artvertrauen,
Lieben ein geschütztes Nest zu bauen.

Neu Leben gebiert an Hecken und Zäune,
Reizvoll tanzen fragile Mückenschwärme.
Drüben im Wald, auf des Baumes Ast,
Hält lockend, rufend ein Kuckuck Rast.

Sie eilen dahin, die milden Frühlingstage,
Drei Monate nur, so will es die Lage.
Doch Hoffnung hält die Welt in Atem,
Bewahret sie, will der Frühling uns raten.

Frühlingserwachen

Sieh was blüht dort im Grün der Wiesen,
In prächtigen Gärten, am steilen Hang?
Osterglocken sind's, zarte Schlüsselblumen,
Weiße Märzenbecher, filigrane Anemonen.

Mit buntgemischten Farben sie uns begrüßen.
Weidekätzchen schwelgen am Waldesssaum.
Manch aufgeregt zwitscherndes Spätzchen,
Träumt seinen eig'nen süßen Frühlingstraum.

Vögel jubilieren putzmunter im Morgen,
Ergötzen sich am wärmenden Sonnenstrahl.
Selbst dem Mensch bleibt nicht verborgen,
Wahrlich, es ist wieder Frühling einmal.

Ein offenes Fenster

Sieh Frühlingsdüfte herein nun dringen,
Im Busch versteckt die Vögel singen,
Sind es bunte Finken oder eine Meise,
Jede der Arten jubiliert auf ihre Weise.

Sonnenschein und tausend Vogelstimmen,
Dir den hohen Sonntagsfrieden bringen,
Höre ich dort noch ein Kinderlachen,
Herüberwehen aus Nachbars Garten?

Still sitz ich hier im feinen Kämmerlein
Lass die Welt einmal fünf g'rade sein.
Des Alltags Last ist mir leicht geworden
Rasten müssen groß und kleine Sorgen.

Spürbar zeigt sich beruhigt mein Gemüte,
Betrachte das Wachsen von Blatt und Blüte.
Vernehme den Herzschlag der eilenden Zeit
Und ahne jede Sekunde einer Ewigkeit.

Frühling ist es in den Bühler Weinbergen

April

„April, April der weiß nicht was er will".
So hört man's klagen Land auf, Land ab.
Mal Sonne, mal Wind, Regen oder Hagel,
Solch Kapriolen auf den Magen schlagen.

Oder schwer auf's empfindsame Gemüt,
Wenn der Himmel sich zeigt grau und trüb.
Selbst der Osterhase leis heimlich stöhnt,
Bestimmt gibt es an Ostern wieder Föhn.

Derweil rätselt der fleißige Has',
Haben wir trocken oder nasses Gras?
Egal wie man's drehen will und es sei.
Dieser April geht auch wieder vorbei.

Ein Hasenfest

„Meister Lampe" wird er gern genannt,
Reist ab und an durchs weite Land,
Als Osterhase zur stressigen Zeit,
Ist mühsam sein Weg, lang und weit.

Seit langem gilt die uralte Mär,
Er käme mit bunten Eiern daher.
Versteckt sie schnell in Hecken, im Gras,
Willkommene Gabe vom Osterhas.

Dem gibt's gar nichts beizufügen.
An Ostern Kinder Überraschungen lieben.
So gesehen hat Huhn und Hase es leicht,
Denn nicht nur ein Hase weiß Bescheid.

Mai

Oh du schöner Wonnemonat Mai,
Kaum geboren gibt's laut Geschrei,
Schon bald wird uns hinterbracht,
Was geschah in der Walpurgisnacht.

Hexen sollen reiten auf Reisigbesen,
Kann man hier und da noch lesen
Und wo manch einer Unsinn macht,
Sieht man auf Nachbars Garagendach.

Doch willst du heute noch Hexen sehn,
Musst du auf Harzens Blocksberg gehn.
Dort finden sich und nicht zu knapp,
Urige Hexen beim baren Schabernack.

Maifeiertag

Sei uns willkommen holder Mai,
Winterzeit ist nun längst vorbei.
Sonnenschein und feiner Blumenduft
Mensch wie Tiere ins Freie ruft.

Wandern per pedes, fahren mit Rad,
Dann steigt er an, der Wonnegrad.
Die Mutter Natur ist unsere Bühne,
Auf und ab, hinaus ins sattfrische Grüne.

Blütenblätter rauschen im Frühlingswind,
Da wird unsereins fast wieder zum Kind,
Man steigt aufs Rad, fährt in die Welt,
Erfreut sich am azurblauen Himmelszelt.

Bergauf, bergab rasant die Fahrt geht,
Hie und da Bratenduft uns umweht,
Da pflegt man Grillspaß mit Maien-Bock,
Verlockt zum Schmaus beim Radlerhock.

Tag der Arbeit, so steht's geschrieben,
Darum ein Prost, auf das wir lieben.
Wohl denen, die solche Tage erfanden,
Malocher waren's die dafür Paten standen.

Heute ungeachtet dem Volk, der Rasse,
Erster Mai ist „Tag der Arbeiterklasse".
Dennoch, ruft dich zur Arbeit die Pflicht,
Denk, ohne sie bist du ein armer Wicht.

Der Maikäfer

Maikäfer, Maikäfer komm und flieg,
Nicht länger nur in der Erde lieg.
Als Engerling dort hinein geboren,
Zum brummenden Maikäfer auserkoren.

Mit Riesenhunger wurdest du bedacht,
Was nicht jedermann Freude macht.
Doch bei den Kindern bist du beliebt,
Drum lieber Maikäfer, komm und flieg.

Was stört es den Fritz, den kleinen Franz,
Dass vollgefressen des Käfers Wams?
Gar viel der Blätter, zart und frisch,
Decken im Hain des Maikäfers Tisch.

Gerne fliegst du übern Baum und Strauch,
Dein Name ist nicht Schall und Rauch.
Wohl konntest du manch Schaden anrichten,
Erfreuen uns mehr die Käfergeschichten.

Bei Wilhelm Busch war's Onkel Fritze,
Der sie hielt verborgen in einer Kiste,
Heute trägt ihn als Schatz der kleine Hans,
Hinunter ins Dorf zum Maientanz.

Maikäfer, Maikäfer eins, zwei, drei,
Du bist gefangen und nicht mehr frei.
Hineingesteckt in den dunklen Karton,
Trägt das Kind dich eilends davon.

Maikäfer erfreue dich tagaus, tagein,
am wärmend güldenen Sonnenschein.
Kurz ist deine Lebenszeit allhier nur,
Die du durchfliegst in Wald und Flur.

Wahrlich du schillerndbuntes Krabbeltier,
Was kannst du denn auch schon dafür,
Dass du nach einer kurzen Maienzeit,
Verlierst dein buntgeschmücktes Kleid.

Zurück bleibt nun die frohe Kunde,
In kleiner quirliger Kinderrunde.
Der Maikäfer fliegt auch s'nächste Jahr,
Erneut werden wieder Wünsche wahr.

Juni

Hoch lodernde Johannisfeuer da und dort,
Verkünden den Menschen froh allen Orts.
Der Sommer baut noch an seinen Brücken,
Schon ist das Jahr zur Hälfte durchschritten.

Johannisfeuer läutet die Sonnwende ein,
Und manch einer sitzt froh im Feuerschein.
Kommt her ihr Mädchen, kommt ihr Buben,
Eiligst heraus aus den engen Stuben.

Reicht einander nach gut altem Brauch,
Als heiß Verliebte zum Herz auch die Hand.
Dann züngeln empor der Flamme Hauch,
Bleibt dabei schadlos ein Feuersbrand.

Ferienzeit

Endlich Ferien, jetzt geht's hinaus,
Zugesperrt wird sofort Hof und Haus.
Für Menschen die vom Stress geplagt,
Ist eine Urlaubszeit jetzt angesagt.

Wollen baden, surfen, sogar wandern
Und froh begrüßen alle die andern,
Die nur „Bella Balkonia" für sich buchten
Und daheim „La Terrasse" besuchen.

Wer mit dem Auto reist gen Süden,
Muss allweil sehr in Geduld sich üben.
Viel Stopp-and-Go im nervigen Stau,
Schon wird's der Mama im Magen flau.

Da, endlich eine Raststätte winkt,
Es müssen einmal Mama und Kind.
Dazu Hunger und Durst nagt und plagt,
So ein Zwischenstopp nun angesagt.

Danach froh gelaunt und munter heiter,
Geht die mühsame Reise weiter,
Bald, ja bald ist man am Urlaubsort,
Dem ausgewählt ersehnten Ruheort.

Vergessen ist schnell Hitze und Stau,
Die Familie macht zwei Wochen blau.
Das Wasser, das Wetter, alles stimmt
Und Papa manchen Berg erklimmt.

Schickt schnell noch'ne Mail nach Hause,
Dort sehen Nachbarn nach der Klause.
Mama findet das alles Mega gut.
Jetzt wohlig sie auf der Liege ruht.

Von den Kindern ist kaum was zu sehn,
Papa will abends zur Bar hin gehn,
Urlaub hat man, doch bitte sehr,
An das Konto denkt er erst hinterher.

Die Stimmung ist heiter und ganz famos.
Keiner der Gäste wird zum Trauerkloß.
Ist Holiday und Dolce Vita dann vorbei,
Folgt wieder des öden Alltags Einerlei.

Ferienfieber

Jahraus, Jahrein wohl es uns bekannt,
Urlaubssehnsüchte durchziehen das Land.
Erholungsreisen sind längst gebucht,
Das Ferienziel vor Wochen ausgesucht

Mit'm Flieger, Auto oder mit dem Zug,
Geht's voll Erwartung ins Vergnügen.
Zu fernen Welten, hat man Geld genug,
Oder in den Norden auf die Insel Rügen.

Herrscht jedoch Ebbe im bewussten Beutel,
Bleibt immer noch zu Hause, Balkonia,
Die heimelige Insel manch einen erfreut,
Dafür ist das eigene Bett uns so nah.

Bei Hausmannskost leben, im Freien grillen,
Und gibst einen Pool im Garten gar,
Da lässt sich auch im Liegestuhl gut chillen.
Und schon werden heimliche Träume wahr.

Was heut' nicht ist, vielleicht nächstes Jahr.
Spaß zu Hause zehrt wenig am Beutel,
Entgehen dem Stau und jeglicher Gefahr.
Erholung anders für sparsame Leute.

Sommerwiese

Nah oben dort am Waldesrand,
Ich eine kunterbunte Wiese fand,
Köstlich strömend süßer Blumenduft,
Betört mich in milder Morgenluft.

Bienen fliegen im Sonnenschein,
Blütenkelche laden zum Naschen ein,
Schmetterlinge tragen ihr Elfenkleid,
Natürlich zum Hochzeitstanz bereit.

Ein Zirpen durchbricht die Stille,
Lautstark fiedelt eine Grille,
Marienkäfer, ein lieblicher Gast,
Hält auf einem Blatt kurze Rast.

Gräser wiegen sich sanft im Wind,
Ist versteckt darin ein Vogelkind?
Ei, wer trägt denn da sein Haus,
Schneckenweise in die Welt hinaus?

Spinnen weben hauchdünn und fein
Und locken Beute in ihr Netz hinein,
Und für manches kleine Krabbeltier,
Endet sein kurzes Leben hier.

Lauer Windhauch umschmeichelt mich.
Wärmend umhüllt uns das Sonnenlicht,
Heimwärts träget mich mein Fuß,
Dankend dem linden Schöpfergruß.

Gewitter

Schwüle liegt schwer in der Luft,
Keine Vogelstimme lockend ruft,
Mein Atem geht tief und schwer,
Stille umfängt mich rings umher.

Das Regiment der grauen Schimmel,
Ziehen Wolken droben am Himmel
Und der Äther bebt und drohend grollt,
Ob dem ungestüm wilden Reitervolk.

Blitze zucken jäh am Firmament,
Donner jagt kraftvoll das Regiment,
Durch den Äther und weite Himmelszelt,
Bis endlich ein Tropfen und Regen fällt.

So ist es am schwülen Sommertag,
Wenn Blitze zucken und Donnerschlag,
Sie sind Kinder von Mutter Natur,
Das Wetter ist Spieler der Partitur.

Beherrscht bedrohlich das Wollen,
Heftig Blitzezucken und Donnergrollen,
Wenn die dunklen Wolken sich verziehn
Gleich Blitz und Donner mit entfliehn.

Sommerwind

Wie schön ein warmer Sommerwind,
Der mir das Lied der Sehnsucht singt.
Sänftlings sein Säuseln mir im Ohr:
Komm mit hinaus, sei doch kein Thor.

Betört mein Herz, meinen Sinn,
Weiß, dass ich ein Wandervogel bin.
Wispert von Bergeshöhn und tiefem See,
Von Wüsten, Wälder, ewigem Schnee.

Möchte gerne ziehen als Wandergeselle,
Fühlen die Gischt der Wasserfälle,
Sehen der Berge emporragende Gipfel,
Spüren den Wind in der Bäume Wipfel.

Hinabtauchen in die tiefblaue Flut,
Fühlen der Sonne sengende Glut.
Oder Kälte atmen in polarer Nacht,
Hören wie ein Gecko schäkernd lacht.

Unter dem Stern des Südens träumen,
Meereswogen sehen, wild aufschäumen.
Sehnsucht erweckte der Sommerwind,
Mal ungestüm brausend, dann zart lind.

Ach könnte ich ihn immer begleiten,
Mit Augen seh'n die Herrlichkeiten.
Länder, Kulturen, steil schroffe Berge,
Tauchen ins Reich von Kobold und Zwerge

August

Gleisende Sonne am blauen Himmelszelt.
Kein Regentropfen zur dürstenden Erde fällt.
Weites Land gefangen im flimmernden Licht,
Glänzend der Sonnenstrahl bahn sich bricht.

Manche skurrile Gestalten werden offenbar,
Was von nah gesehen, eine Fata Morgana war.
Bald müde der Hitze, der Sonne, dem Wind,
Menschen wie Tiere leidend geworden sind.

September

Als Altweibersommer geht er einher,
Von Erntefreuden kündet er sehr.
Doch über Nacht kam die Wende,
Drückende Sommerhitze fand ihr Ende.

Wohlan, nun kam er, der Herbstbeginn,
Wehmut durchzieht durch Herz und Sinn,
Noch ein letztes Viertel in diesem Jahr,
Ich seh' den Winter schon sehr nah.

Kühl ist der nächtige Atem geworden,
Frisch-klar der neue Septembermorgen.
Macht schnell vergessen der Sonnenschein,
Er wärmt immer noch Groß als auch Klein.

Da und dort zeigt sich Regen, Nebel, Wind,
Dass sie Boten des nahenden Herbstes sind.
Schaut man sich um in Mutter Natur,
Find überall schon des Herbstes Spur.

Kartoffelfeuer brennt an manchem Ort,
Apfelernte im Gange, hier und dort.
Kastanien und reife Nüsse fallen zuhauf,
Fleißige Hände sammeln sie behände auf.

Fäden, der Spinnen mit ihrem Gespinst,
Wehen fragil draußen am Küchensims.
Bald rauschen Blätter im stürmischen Wind,
Fliegende Drachen erfreuen Vater und Kind.

Die Rebe

Ein Winzer will durch den Weinberg gehn,
Um nach dem Stand seiner Reben sehn.
Der prächtige Weinstock trägt üppig Frucht
Schon reift die Traube nach Schnitt und Zucht.

Nach tausend wärmenden Sonnenstrahlen,
Die sich ins Innere der Trauben stahlen,
Trotz wilden Stürmen, Blitz und saurem Regen
Zeigt sich am Weinstock ein reicher Segen.

Die Rebe trägt uns, wie wohl bekannt,
Saftige Trauben nach dem Reifestand,
Nun wird sie gekeltert ohne gleichen,
Das letzte Tröpfchen muss nun weichen.

Traubenmost der Fülle in Rot oder Weiß,
Wird hart gepresst vom fruchtigen Fleisch.
Plätschernd rinnt der süß-edle Rebensaft,
Und macht, dass des Winzer Herze lacht.

Sind die Öchsle im Saft hoch an der Zahl,
Hat der Weingenießer seine Qual der Wahl.
Denn des Winzers Traum wird's immer sein,
Nach harter Kelter ein gereifter edler Wein.

Ist Stroh und Heu schon längst eingebracht,
Der Herbst kann kommen still und sacht.
Ruhe macht sich über Flur und Land breit.
Das war sie, die segensreiche Sommerzeit.

Reben am Ortenauer Weinpfad bei Obersasbach (Ortenau)

Oktober

Eigen ist ihm ein buntverspieltes Licht,
Warme Farben beflügeln seinen Namen.
Dem Sonnenstand nach nicht verwunderlich,
Ist ein Kind noch, weder Herr noch Dame.

Goldener Oktober

Komm, schau hinein in Mutter Natur,
Bunt ist es geworden, in Wälder und Flur.
Alles was Odem hat sammelt nun ein,
Will für den Winter bestens gerüstet sein.

Bäume tragen ihr herbstliches Kleid,
Zu färben weiß Mutter Natur Bescheid.
Von Schöpferhand hat sie's genommen,
Die Welt ist in die Farben gekommen.

Kinder ziehen hinaus auf die Wiesen,
Wo lachend sie Drachen steigen ließen.
Der Herbstwind wird zum Spielgefährten
Und Weidenruten zu zarten Gerten.

Oktobersonne küsst wärmend die Reben,
Kurz ist die Spanne, die ihr noch gegeben.
Nach Aussaat folgt Ernte, reich oder karg,
Tod folgt auf Leben, der Wiege ein Sarg.

Zur Halali wird hier und schon geblasen,
Doch treffen wird's nicht nur arme Hasen.
Manch anderem Wild wird auch nachgestellt,
Dass Küche und Keller sind bestens bestellt.

So schreitet einher die Vergänglichkeit,
Mensch, wie Tier machen sich bereit.
Vereinzelt blüht noch 'ne Herbstzeitlose,
Rot grüßt die Hagebutte der Heckenrose.

Strauch und Busch sind bald verblüht,
Versteckt noch ein Blättchen goldgelb erglüht.
Die Vögel eilends in den Süden entfliehen,
Schon düster Nebel über die Lande ziehen.

Die geschäftige Welt, sie ruht sich aus.
Leben will zurückziehen ins wärmende Haus.
Keinem von uns bleibt es jetzt verborgen,
Draußen ist es sehr herbstlich geworden.

Jahreszeit für Bacchus seine Gesellen

Er noch war Frühling; lustvoll die Tage sind.
Pärchen turtelten auf Bank und Wiese.
Lauschten dem Vogelsang im lauen Wind.
Und dem Drängen gern gewähren ließe.

Gefühle den Mund zum Singen drängten.
Dem folgte Hitze im Sommer statt Kühle,
Der Dürstende muss nach Wasser lechzen
Das mangelt auch dem Wasserrad der alten Mühle,

Suchte nach Labsal wie ein neugieriges Kind
Laue Abende weckten Durst der Gefühle.
Linderung brachte nur der sanfte Wind.
Neu zog der Herbst ins Land und Kühle.

Aussaat und Reife sind Vergangenheit.
Natur zeigt nun ihr buntestes Kleid.
Es fordert den Landmann die Erntezeit.
Fässer, Wagen und Kelter stehen bereit.

Des Winzers Wohl und Weh begann,
Der Reben edles Blut musste fließen.
Worauf sich Bacchus wohl besann,
Man ihm Wein ins Glas will eingießen.

Ein Kellermeister so dann und wann,
Prüft fleißig was hielt der Herbst so feil,
Vom reichlich gewonnen köstlichen Nass,
Nimmt Weingott Bacchus gern ein Teil.

Wein, Weib und Gesang, so der Tenor,
Kein Mensch macht Bacchus etwas vor.
Dem folgt der Winter als garstiger Gast.
So ist der Lauf der Natur zur nötigen Rast.

Bacchus Ist wohlgemut, bei genährtem Leibe.
In göttlicher Gelassenheit er sich täglich übt.
Ob Eis und Schnee, hält er ehern seine Weise.
Bis ihn ein neuer Frühling in wieder umgibt.

Bacchus-Skulptur in Offenburg - Fessenbach

Nikolaus

Nikolaustag ein speziell Datum im Winter,
Darauf freuen sich besonders die Kinder.
In seinem Sack verbirgt sich so allerlei.
Manchmal ist auch für Große etwas dabei.

Kinderherzen klopfen, manch Auge läuft,
Und das Näschen will schon tropfen,
Doch halt, der Nikolaus ist sanft und gut,
Niemals er einem Kinde etwas zuleide tut.

Darum sollten sich freuen Groß, wie Klein,
Wenn er polternd tritt zur Türe herein.
Rot leuchtet der Mantel, schlohweiß sein Haar
So könnt ihr ihn sehen Jahr für Jahr.

November

Trostlos grau erscheint mir die Stadt,
Sträucher und Bäume fast ohne Blatt,
Natur will Erholung im Rückzugsraum,
Hagebutten leuchten am Waldessaum.

Früh die Nacht bricht wieder herein,
Und nach eines harten Tages Last,
Kehrt mit warmhellem Kerzenschein,
Ins heimelige Zimmer die Muse ein.

Die Welt taucht ein in Nebelnässe,
Feuchte verbreitet sich über's Land,
Wir sehen nur noch November-Tristeste,
Der kalt-raue Winter ist schon nah.

Novemberlicht und Allerseelen

Brennt es schon dein Novemberlicht?
Brennt es für die, denen wir gedenken?
Gerne, gerne will ich ein Licht anzünden.
Das Trost und Verstehen soll verkünden.

Und ihnen herzlich Erbarmen schenken.
Brennen mag das Licht, sanft und warm,
Jene die suchend sind, sollen es finden.
Hell den Weg zeigen, Gott sich erbarm.

Stille muss werden, Klagen und Weinen,
Brücken entstehen nur hier auf Erden,
Auf dass suchende Seelen selig werden.
Dem Verlangenden gönnen wir dort Heil.

Vorfreude

Es dunkelt, dunkelt nun schon bald,
Draußen im Wald hör ich eine Säge.
Es klingen Schläge, ein Baum wird gefällt,
Der das Weihnachtsfest uns erhellt.

Leise raschelt's verhalten im Haus.
Was ist es, ein Wiesel oder Maus?
Weiter oben, da im großen Zimmer,
Leuchtet ein silberglänzender Schimmer.

Die Türe ist zu, man darf nicht hinein,
Wahrlich, bald muss es Weihnachten sein.
Oh würden vergehen all die Stunden,
Wie an der Uhr so kurz die Sekunden.

Geheimnisvoll, alles ist so nah,
Greifbar, doch wirklich nicht da.
Ja Geduld ist vonnöten, so höret her,
Warten, wahrlich fällt recht schwer.

Nun endlich, endlich ist es soweit,
Viel Gaben der Liebe liegen bereit.
Der Baum erstrahlt im warmen Licht.
Friedvolle Weihnacht wünsche ich.

Inversionswetterlage über Neusatzeck oberhalb Bühl

Adventsgedanken

Als letztes Blatt hängt am Kalender,
Einsam nur noch der Monat Dezember.
Doch jeder weiß, er hält auch bereit,
Ein licht-geschmücktes Festtageskleid.

Ist's kalt und trist für dich und mich,
Oder glüht die Erde im Sonnenlicht?
Egal wie der Monat sich präsentiert,
Dezember nie an Nonchalance verliert.

Jahr für Jahr kehrt er neu bei uns ein,
Bleibt's warm oder friert es Stein und Bein.
Im Tannengrün hell die Kerzen leuchten.
Die Dunkelheit gar schnell verscheuchte.

Mildwarmes Licht die Kerzen spenden,
Hoffnung und Frieden ins Herz sie senden.
Mitten im Adventszeit wir heute steh'n,
Den dritten Advent wollen wir begehen.

Gedenken des Tages vor zweitausend Jahr,
Als uns eine Jungfrau den Heiland gebar.
„Licht dieser Welt" wird Jesus genannt,
Die Geschichte ist allseits wohl bekannt.

Aus Bethlehem vernahm man die Kunde,
Friede auf Erden erscholl aus Engelsmunde.
Geburtstag Jesu, das Fest bei uns im Winter,
Ist nicht nur etwas für kleine Kinder.

Auch für Erwachsenen, so meine Rede,
Erfreuen uns die Geschenkpakete.
Dennoch bleibt's uns nicht verborgen,
Des anderer Elend, Leid und Sorgen.

Kinderaugen voll Schmerz und Trauer,
Hunger, Tod, Echo an der Klagemauer.
Menschen müssen flüchten auf Erden,
Nicht wissend, wo sie bleiben werden.

Sie warten auf Ruhe, ein bisschen Liebe,
Und dass es endlich werde Friede.
Ein Stückchen Brot, eine Handvoll Reis,
Strahlende Augen dafür Lohn und Preis.

Denn gespendeten Trost, geschenktes Glück,
Kehren still ins eigene Herz zurück.
D'rum lasst uns ans Werk jetzt gehn,
Heut Betagte im Mittelpunkt stehn.

Alte, so wurdet ihr einst genannt,
Heute allgemein als Senioren bekannt.
Habt treu im Glauben gelitten, gekämpft.
Nichts hat je eure Liebe gedämpft.

An euch, die ihr durch alle Gefahren,
Treue Begleiter und Wegbereiter waren,
Ist im Advent liebend-dankend gedacht
Wir wünschen, dass es euch Freude macht.

Ein Gruß geht auch in die Ewigkeit,
Zu jenen, die längst abgelegt das Erdenkleid.
Die Kinder, sie wollen euch auch erfreuen,
Dabei keinen Auftritt die Kleinsten scheuen.

Zudem der Jugend Dank in Dur und Moll,
Ein Ohrenschmaus es werden soll.
Und in feierlicher Eintracht sitzen da,
Die liebe Großmama und der Großpapa.

Warme Hände reichen im Frieden sich,
Glänzende Augen leuchten im Kerzenlicht.
Dort wo Freude sich lässt verschenken,
Kann man den Nächsten auch nicht kränken.

In diesem Sinne lasst uns beginnen
Und Gott zur Ehr ein Loblied singen.
Danken der anwesenden Seniorenrunde,
Der Herr gab Gnade zu dieser Stunde.

Ehre sei Gott in der Höhe

Voll Poesie sind diverse Geschichten,
Und manche wohl schon lange her.
Doch von einer will ich hier berichten,
Es ist eine nette Weihnachtsmär.

Also, es begab sich in jener Nacht,
Als ein Hirtenknabe hat treu gewacht.
Bei seinen Schafen auf dem Felde,
Als ein Licht die Dunkelheit erhellte.

Engel traten hinzu, verkündeten frohe Kunde,
Höre, der Heiland ist geboren zu dieser Stunde.
Der Knabe vernahm des Engels Wort,
Machte sich auf, lief schnurstracks fort.

Nach Bethlehem, so der Ruf erschall,
Ihr findet das Kindlein in einem Stall.
Dort angekommen, war leer des Knaben Hand,
Dem Betrachter das Auge voll Tränen stand.

Er trat zur Krippe, hin zu dem Kind,
Das da lag in Windeln, zart und lind,
Dessen Augen sahen ihm ins Herz hinein
Und fand es ehrlich, treu und rein.

Wahrlich nicht Gold noch Edelgestein,
Bringt mehr als reine Lieb' dir ein.
Und verwandelt Tränen des Hirtenknaben,
Zu Blumen die als „Christrose" bekannt.

Dezember

Ganz einsam hängt das letzte Blatt,
Das mein Kalender heut noch hat.
All die anderen sagten schon Ade,
Da überkommt mich ein stilles Weh.

Ach wieviel könnte das Blatt berichten,
Wüsste schöne und traurige Geschichten,
Doch keiner hört ihm jetzt mehr zu,
Advent, in Erwartung stehen ich und du.

Frieden auf Erden

Oh du fröhliche, oh selige Weihnachtszeit,
Christ ist erschienen, uns zu versöhnen,
Heute wahrlich laut zum Himmel schreit.
Und süßer die Glocken nicht klingen.

Heute fein zur holden Weihnachtszeit,
Lässt Fragen offen, wo ist Friede, wo Freud?
Frieden auf Erden, Worte ohne Klang und Ton
stattdessen den Menschen ein Wohlgefallen.

Sehe Sorge, Hunger, Spott und Hohn.
Dort wo der Friede nur einem Pulsschlag gleicht,
Verliert sich selbst der Engel Gesang,
Ein Echo kaum ein Menschenherz erreicht.

Wo Liebe nicht mehr spürbar wird, noch ist
Und sie niemand mehr fühlt noch kennt.
Man seinen Nächsten schnell vergisst,
Weil Menschenhass die Erde verbrennt.

Nun sagt, ist da Frieden auf Erden nicht weit?
Doch Gott möge geben der Liebe wärmende Glut,
Damit sie entflamme und brennt für Menschlichkeit.
Tatkraft ist gefordert, viel Geduld und mehr Mut.

Lasst Güte entstehen und Liebe statt Leid.
Geduld mit dem Nächsten, zu Nachsicht bereit.
Statt nehmen, mehr geben mit warmer Hand.
Was wäre das für ein Segen in unserem Land.

Weihnachten

Jahr um Jahr erfreut uns der Kerzen Flamme
Froh entzündet an der geschmückten Tanne.
Dazwischen gehen viel Träume verloren,
Sogar die Botschaft des, der einst geboren.

Frieden auf Erden scheint heute Schall und Rauch.
Das Fest der Liebe nur noch uralter Brauch.
Selten wird an den Gott den Höchsten gedacht,
Der uns das Fest erst hat möglich gemacht.

Der Himmel ist heute manchem schon so fern,
So unsichtbar wie einst Bethlehems Stern.
Seine Botschaft dringt dumpf noch an jenes Ohr,
Welches noch hört den himmlischen Engelschor.

Wohlgefallen auf Erden wurde verheißen,
Allen Menschen der Welt, so ihre Weisen.
Aufs Neue brennen Kerzen am Tannenbaum,
Ihr stahlen verkündet Christkindchens Traum.

Liebe zu üben an Jedermann auf Erden,
Dem Nächsten Hilfe sein und Stütze werden.
Gerne zu einem Opfer und Geben bereit,
Schenken dem Nackten ein Tuch und Kleid.

Dann wird erklingen hier in Nah und Weit,
O du fröhliche, gesegnete Weihnachtszeit.
Nur dann kann wahrlich Weihnachten werden,
Wenn wirklicher Frieden ist, hier auf Erden.

Und das Fest der Liebe keine Lüge mehr ist
Der Mensch andere mit gleichem Maße misst.
In allen Herzen die tiefe Hoffnung wohnt,
Damit sich das Leben wirklich wieder lohnt.

Weihnachtsausstellung in Baden-Baden

Weihnachtstraum

Ein Bote des Himmels mir unsichtbar,
Fliegt als Engel durch Zeit und Raum.
Kommt der Menschenseele sehr nah,
Kennt den ewig geträumten Traum.

Träumte von Liebe und immerdar Frieden,
Und dass es für alle gibt täglich Brot.
Nicht von dem, was in die Welt gekommen,
Dem Mühsal, Elend, Sorge und Not.

Sehnsucht breitet im Herzen sich aus,
Nach einer ruhig friedvollen Zeit.
Menschen harren auf neue Wunder,
Das von irdischer Last und Sorgen befreit.

Weihnachtsgedanken

Zum Weihnachtsfest meine Gedanken,
Die sich um Tannenzweige ranken.
Das Fest der Liebe steht uns bevor,
Öffnen will sich dafür Tür und Tor.

Gefeiert will werden an diesen Tagen.
Schweigen sollen da Sorg' und Plagen,
Im flackernden milden Kerzenschein,
Mag sich erfreuen Groß und Klein.

Doch schleicht sich ein Wehmut und Schmerz
Und Einsamkeit drückt auf einsame Herz.
Dann öffne sie flugs, deine Herzenstür,
Denn in Gedanken ist man so nah bei dir.

Die Tage eilen, das Jahr will bald enden,
Um sich einem Neuen hinzuwenden.
Dann was im Alten uns nicht gegönnet war,
Möge schnell sich erfüllen im neuen Jahr.

Weihnachtsbotschaft

Freude über Freude im Advent,
Siehe, schon die vierte Kerze brennt.
Ihr heller, warmer Lichterschein
Als Botschaft an uns alle gedacht.
In Erinnerung an jene Geburt in der Nacht.

Wo das Kind einst in die Welt gekommen
Haben nicht nur Hirten es vernommen,
Jene Verheißung, die Jesus mitgebracht:
„Sollt wachsam sein um Mitternacht."
So hallt es heute noch auf Feld und Flur.

Seine Verheißung will sich bald erfüllen,
Das gilt für die Lauten als auch die Stillen.
Manchen Herzen und Seelen ist so bang;
Ist Frieden auf Erden nur ein süßer Klang?
Und die Weihnachtsbotschaft längst verhallt?

Wahrlich, beim Betrachten der vier Kerzen,
Öffnet sich der Hoffnung Tor und Türe.
Das Weihnachtfest erfreue alle Herzen.
Frei jeglicher Sorg, Plage und vergebliche Mühe.
Soll folgen dann ein glückliches Neujahr.

Weihnachtsfrieden

Das frohe Fest steht vor unserer Tür,
Weihnachten, das Fest der Freude,
Oder Fest der Liebe, nennen es wir,
Hohe Zeit der Gaben für alle Leute.

Ein Jahr neigt sich nun dem Ende,
Ein Neues bricht sich wieder Bahn,
Reicht euch fröhlich noch die Hände,
Denkt, Gutes hat man uns getan.

Menschen stehen in Gedanken still,
Die es sonst rastlos treibt hin und her.
Was man sich gerne noch sagen will,
Fällt manchmal so furchtbar schwer.

Am Weihnachtsbaum brennen Kerzen,
Köstliche Gaben verteilt auf dem Tisch.
Doch in wie vielen Menschenherzen,
Strahlt das Licht gar so kümmerlich.

Stilles Leid und Sorgen gehn einher,
Oft tränenschwer das Auge sehr.
Wer stillt Weinen, lindert Trauern?
Wo ist Hoffnung, Glaube, Vertrauen?

Findet weder Trost, noch seinen Lohn,
Trägt Kummer, daran das Herz zerbricht.
Nur oben an Gottes mächtigem Thron,
Er, der Allmächtige, vergisst keinen nicht.

Hat seinen Engel längst es befohlen,
Zu wenden dein und mein Geschick.
Sie kommen auf ganz leisen Sohlen,
Bringen Frieden mit und tiefstes Glück.

Jahreswende

In der hehren Wünsche Blütezeit,
Wo Träume sind und meine Gedanken,
Zollfrei und ohne jeglichen Schranken,
Hätt' ich noch manchen Wunsch bereit.

Für das Wohl verteilt auf der Welt,
Ja, für alle Kontinente und ihre Staaten,
Dass durch Menschen Tun und Taten,
Friede herrsche und Eintracht sich einstellt.

Segen sich auftut für unsere Stadt,
Weisheit ihrem Meister und Berater,
Ja, jedem Bürger, Hausherr und Vater
Oder wer sonst noch was zu sagen hat.

Doch ganz zum Schluss möchte ich wohl,
Einen kleinen Wunsch mir selber gönnen.
Da ihn nur meine besten Freunde kennen,
Schweige lieber ich, bin guter Hoffnung voll.

Silvester

Hört die Glocken ihr schon läuten?
Sie verkündet uns ein neues Jahr.
Doch ob sich drüber alle freuen,
Ist mir längst noch nicht offenbar.

Viel Prosit rufen hört man allerorts,
Es ertönt aus vieltausend Munde.
Verteilt tritt streng nach dem Proporz
Lauthals plaudernd in fröhlicher Runde.

Friede, Freude, glücklich werden,
Falsch wer anderes dabei denkt,
Doch nicht jedem Mensch auf Erden
Wird dies Glück heut auch geschenkt.

Somit löst der Schritt ins neue Jahr
Nicht bei allen Glücksgefühle aus,
Manch einer sieht neue Gefahren
Heraufziehen im weiten Weltenlauf.

Dennoch, was auch heut' geschieht,
So geht es weiter Jahr für Jahr.
Vergangenheit muss hart entflieht,
Das Zukünftige wird bald gewahr.

Drei Könige

Drei Weise zogen vom Osten her,
Wohlbekannt, so sagt's die Mär.
Einst suchten sie den Gottes Sohn,
So liest man in der Geschichte davon.

Am Himmel ein Licht und was geschah?
Sie folgten dem Stern, der ihnen nah.
Über ,nen Umweg fanden sie jenen Ort,
Da geboren ward, das gottgewirkte Wort.

Anbetungswürdig, das Kindelein,
Über ihnen funkeln Sterne klar und rein.
Kostbarkeiten brachten sie ihm dar,
So geschehen vor rund zweitausend Jahr.

Nun heute steh'n sie vor deiner Tür,
Bitten um Gaben und danken dafür.
Ja sehe ich die drei zur frühen Nacht,
Wird die Vergangenheit erneut wach.

So wie damals vor sehr langer Zeit,
Ist auch heute Leid nicht allzu weit.
Für Kinder in dieser harten Welt,
Bitten Könige als Gabe um etwas Geld.

Jeder Euro lindert einem Kind seine Not,
Sorgt für Kleidung, ein Stückchen Brot.
So soll es sein wie in vergangener Zeit,
Barmherzigkeit webt ein wärmendes Kleid.

Winteridylle oberhalb dem Ruhestein (Schwarzwaldhochstraße)

Winterzeit

Viel Schnee und Sonne, wunderbar,
Da werden Sehnsuchtswünsche wahr.
Ski und Rodel gut, bereiten Spaß,
Bei vielem Schnee, statt grünem Gras.

Und wo Kälte sie nicht scheuen,
Können Kinder sich daran erfreuen.
Hurtig sausen sie steil bergab.
Gar lustig ist so ,ne Schlittenfahrt.

Manchen ist der Winter zur Wonne,
Glänzender Schnee und Wintersonne.
Für alle und jeden der Winter was hat,
Einem ist Freude, setzt andere schachmatt.

Mensch wie Tiere haben ihre Sorgen,
Wenn Feld und Flur bitter kalt gefroren.
Wenn Väterchen Frost regiert als Gast,
Tragen Fauna und Flora schwer an Last.

Schnee und Eis, wie ein Zuckerguss,
Ist für den Betrachter Hochgenuss.
Doch viele Vögel leiden große Not
Und manchen droht gar der Hungertod.

Wir können ihnen helfende Retter sein,
Mit einem Vogelhaus und paar Körnelein.
Wege bereiten dem Menschen Müh,
Besonders abends oder morgens ganz früh.

Die Straßen sind spiegelglatt und kalt;
Gefahr ist in Verzug, bei Jung und Alt.
Weh dem Zeitgenossen, der sich geirrt
Und sein Vehikel zum Schlitten wird.

Geht es nicht gut und hat es gekracht?
Keiner mehr da ist der fröhlich lacht.
Dumm schaut man dann aus der Wäsche,
T'schuldigung, wer zahlt die Zeche?

Wohl dem, der sitzt im warmen Kämmerlein,
Lässt Winter einfach fünfe grade sein.
Doch wer 'nen Ausflug partout will wagen,
Muss Einkaufstaschen heimwärts tragen.

Vorsicht sei dessen höchste Bürgerpflicht,
Denn eine Rutschpartie will taugen nicht.
Wer Arm und Bein will weiter bewegen,
Lässt Umsicht walten, auf glatten Wegen.

Dem, der zu Fall gekommen, ohne Fragen,
Folgen Weh und laut Schmerzensklagen.
Drum brauchen wir oftmals hier im Winter,
Einen Engelschutz und nicht nur die Kinder.

Schritt für Schritt, den man jetzt da geht,
Hoffen wir, dass ein Engel zur Seite steht.
Der bewahret uns vor Rutsch und Sturz
Nur Bewegungsfreiheit kommt etwas zu kurz.

Die Christrose

Der Frühling ist noch sehr weit,
Kein Auge sieht nahen den Boten.
Die Welt liegt noch tief verschneit,
Dennoch sind erblüht, die Christrosen.

Zartfein verströmt ihr Duft und lind,
Lieblichkeit ich beim Anblick empfind.
Mir Auge wie Sinn in Anspruch nimmt
Zur rechten Zeit zu blühen beginnt.

Sacht, sacht will sie sich verschenken,
Allen Menschen als Zeichen erblüht,
will jenem schweigend gedenken,
Dessen im Namen sie stolz bemüht.

Christrose, so ist ihr prägender Name,
Emporgetrieben aus edelstem Samen.
Angetan mit schön blütenzartem Kleid,
Erfreut sie uns zur passenden Zeit.

3

Poesie im Rhythmus des Tages

Morgenröte

Wenn Morgenrot ihr Gold verschenkt,
Zarte Vogelstimmen jubelnd tirilieren.
Des Menschsinn sein Aug' gern hinlenkt,
Und Herzen sehnsuchtsvoll pulsieren.

Sind nächtlings Träume weggenommen,
Der wilden Fluten erfüllen meinen Sinn,
Ist Frieden in Herz und Seele gekommen,
Ein neuer Tag verheißt uns reichen Gewinn.

Ein Morgengebet

Zur Stille will ich neigen mein Ohr,
Nur Vogelstimmen drängen hervor.
Ihr Jubel ist Dank im Morgenlicht,
Noch ehe ein neuer Tag anbricht
Da wird ihr Gesang zu einem Gebet.

Einfach nur Tage

Wahrlich sehr kurios sind manche Tage,
Kommen einher wie stürmischer Wind.
Lassen zurück gar manche Frage
Und mich hilflos werden wie ein Kind.

Warum, weshalb geschehen dies und das?
Wo in Liebe dem Nächsten ward gedacht,
Lässt Blumen welken, wie des Herbstes Gras
Wer hat die Welt zum Jammertal gemacht?

Frühstückslektüre

Jeden Morgen auf dem Frühstückstisch,
Riech Druckerschwärze noch ganz frisch,
Verkündet meine Zeitung aller Welt Probleme,
Von Freude und Frust, ab und zu auch von Häme.

Was die Polizei will berichten von fiesen Neppern,
Und Drogendealern oder sonstigen Geschichten.
Wer und wie viel Tote man wo beklagt,
und noch endlos von Debatten im Bundestag.

Lesen was heute der Boris gerade treibt
Und was einst sich Schummi hat einverleibt.
Bin gut informiert über jeden Chorgesang,
Von der Sonne zeitlichem Auf- und Niedergang.

Mensch wie die Natur liegen sehr in Nöten
Und Pastoren lehren: „Du sollst nicht töten".
Lese vom Börsenkrach, Dax und dem Euro
Oder wie Dr. X macht Frauenherzen froh.

Welcher Fußball in welchem Netz gelegen,
Viel Unwichtiges kann ich tag-täglich lesen.
Ja alles ist eine schrille Nachricht wert.
Halt, auch Hinz und Kunz ward noch geehrt!

Doch eines fehlt und das ist jammerschade,
Darum sind solche Lektüren am Ende fade.
Wo sind die edlen Taten vieler netten Leute,
Die Geben und Helfen im hier und heute.

Im Meer der Zeit

Alles im Leben hat seinen Sinn,
Sei es der Abend oder ein Morgen.
Hält bereit Verlust oder Gewinn,
Jede Zeit hat ihre eigenen Sorgen.

Selbst die Natur kennt feste Zeiten,
Alles kommt und wieder vergeht.
Beständig will sie weiter schreiten,
Gleich wohin der Wind uns weht.

Im Gestern ist schon das Heute
Und Zukunft nicht mehr weit.
Darum begrüße fröhlich jeden Tag
Gut gemessen am Elend der Zeit.

Die Sonne

Wiesen gründen morgenfrisch,
Junger Tag beginnt seinen Lauf.
Nebelschleier verziehen sich,
steigt strahlendrot die Sonne auf.

Präzise zieht sie ihre Bahn,
Dem Menschen als Geschenk.
Hat Jahrmillionen es getan,
Immer Allzeit gut gelenkt.

Schenkt viel von ihrer Gabe,
Vom Auf- bis zum Niedergang.
Wärmen will das Licht am Tage,
Ihr gilt allein mein Lobgesang.

Sie erwärmt der Erde Völkerzahl,
Verleiht der Natur Kraft und Reife.
Blickt hinein in ein tiefes Tal,
Hat doch noch andere Seiten.

Lässt gutes Land zu Wüsten werden.
Will verdorren Aussaat vor der Frucht.
Schafft Trockenheit, dürstende Herden,
Ihr unterliegt eine gestrenge Zucht.

Doch wie die Sonne uns von Nöten ist,
Zeigt mancher Tag der Kalt und leer,
Schnell der Mensch es dann vergisst,
Ohne Sonne gäb's keine Erde mehr.

Sonnenschein

Tage voller hellem Sonnenschein
Lässt jubilieren mein Herz.
Macht manche Sorge klein.
Just verschwindet jeder Schmerz.

Bin erfüllt vom Sonnenlicht,
Droht mir kein Ungemach.
Zeigt sein warmes Angesicht,
Nimmt Kummer und Schmach.

Will fassen sich neuer Mut,
Dann wird alles wieder gut.
Sein Versprechen sonnig ist.
Ziehe froh meinen Hut.

Abendruhe

Mein Tagewerk ist bestens getan,
Ruhe darf kommen und walten.
Dunkelheit bricht sich neue Bahn,
Stille will der Abend Einkehr halten.

Des Tages Müh und große Last,
Muss sich der Nacht ergeben.
Wird erdulden befruchtende Rast,
Um sich am Morgen neu zu regen.

Rückblick am Abend

Prüf ob der Tag Gott gefallen mag.
Ein Resümee am Ende vom Tag.
War freudig er in Tat und Treue
Oder mutlos in Angst und Reue?

Sollst gerne deine Lieben nennen,
Hass und Unrecht vor dir bekennen,
Musst dich dem Schlechten stille schämen,
Kein Schatten mit ins Bett dir nehmen.

Unnötig Sorgen von der Seele tun,
Lass sie fern des Tages sie nun ruhn,
Dann bist du rein, ja gar bereit,
Wer wie einst zu deiner Kinderzeit.

Kannst ruhig den Schlafborn trinken,
Darin süße Träume tröstend winken.
Dann Tage folgen mit frohem Sinnen,
Den Morgen als Sieger neu beginnen.

Abendstille im Garten

Zieht der Tag sich müd' zurück,
Wird offenbar mein Gartenglück.
Dort am Weg zur grünen Laube,
Frau Schnecke traf eine Raupe.

Frau Schnecke suchte in der Stille
Nach ihrer verlorenen Brille.
Gab Freund Raupe zu verstehen,
Kann ohne sie kein Blättchen sehen.

Das hörte im Gras ein Grillenmann,
Kam flugs und fing zu spielen an,
Wie nur ein Grillemann fiedeln kann.
So ein Grillenspiel mir lieblich klang.

Schnell vergaß die Schnecke ihr Malheur.
Potts Blitz, wer eilt daher so geschwind?
Sieht nicht aus nach Floh oder Laus.
Ein stolzer Marienkäfer kommt heraus.

Rot-schwarz gepunktet mit sechs Beinen,
Blattlaus wird blass beim Erscheinen.
Will entflieht des Käfers Gebrumm.
Da summen noch einige Bienen herum.

Finden einen reich gedeckten Tisch.
Mit Pollen von zarten Blüten frisch.
Doch lange bleibt ihnen nicht Zeit,
Der Tag sich neigt, sie wissen Bescheid.

Abendruhe naht, Dunkel macht sich breit.
Ein Nachtlager zu suchen wäre gescheit.
Zwischen Zweigen und unter einem Stein,
Finden die Geschöpfe ihr Nachtlager fein.

Abendhimmel

Hoch am Abendhimmel silberweiß,
Ziehen hin der weißen Wolken Flut,
Um einzutauchen still und leis',
In die rotleuchtende Sonnenglut.

Will brechen sich im Strahlenglanz,
Was der alte Tag morgens gebar
Und der wilden Wolken Reigentanz,
Färbt sich im Goldschein wunderbar.

Dort am Horizont der Abend grüßt,
Des Himmels Blau langsam verblasst.
Glitzernde Sterne werden wach geküsst,
Der Mond geht auf zur späten Nacht.

Zwischen Abend und Morgen

Der Abend legt nieder sein Tageskleid.
Strahlend hell leuchtet uns der Abendstern
Sacht macht Nacht sich um uns bereit
Wohl wissend der Morgen ist noch fern.

Hoch am Firmament ergötzt sich der Mond,
Flirtet mit dem unendlichen Sternenheer.
Gut gelaunt er oben am Himmel thront
Und überschaut das endlose Lichtermeer.

Der Tag ruht aus vom Trachten und Sinnen,
Lässt des Menschen Geschick geschehen.
Um nach der Nacht neu zu beginnen,
Will des Menschen Tagwerk gut besehen.

So geht ein Tag und es kommt die Nacht,
Nach Schöpfers Willen wird es geschehen.
Hat der Tag dir Leid oder Glück gebracht,
Die Essenz es ist, wir werden sehen.

Der nächste Morgen tagt wieder gewiss.
Dank sei dem, der über alledem wacht
Seinen ew'gen Bund er niemals vergisst,
Den hat er mit uns aus lauter Güte gemacht.

Flüstern der Nacht

Einer Harfe gleicht das Raunen der Bäume,
Tief sitzt die Nacht schon in den Zweigen.
Mensch wie Tier wiegen sich in Träumen,
Hingegeben dem Klang der Harfe und Geigen.
Bald schon werden auch diese schweigen.

Sie sind mit dem Wind zur Ruhe gegangen.
Stille liegt über dem ermüdenden Land.
Der Odem der Nacht hält alles gefangen.
Versunken ist nun des langen Tages Last,
Gevatter Schlaf bist mein willkommener Gast.

Sternenglanz

Alles Leben atmet tiefe Stille,
Über mir sehr Sternefunkeln Fülle.
Tiefe Dunkelheit in Winternacht,
Firmament zeigt die Sternenpracht.

Wie Diamanten strahlend rein,
Erstrahlen sie im hellen Schein.
Weisen mich dezent drauf hin,
Dass ich nun mal vergänglich bin.

So will ich ausharren guter Zeit,
Ein Gefangener der Unendlichkeit.
Doch geht's dann dem Morgen zu,
Sind verblasst alle Sterne im Nu.

Wenn Morgenlicht grüßt von fern,
Muss verschwinden Stern um Stern.
Vehement bricht tagaus, tagein,
Ein neuer Tag mir wieder herein.

4

Geburt und Kreislauf des Lebens

Geburt

Eine zartfeine Knospe wundersam,
Vollkommen an Form und Gestalt,
Machte frei für sich Weg und Bahn.
Will entfalten das empfangene Leben.

Peu á peu in mir das Verständnis reift,
Jeder Mensch gern nach höherem greift.
Was immer das Leben will ihm bereiten,
Sein Schicksal wird sein Leben begleiten.

Das Ist in den Nebel der Zukunft gesponnen.
Gleich was die Nornen ihm ersonnen.
Möge die Zukunft nur das Beste bringen.
Meine guten Wünsche helfen zum Gelingen.

Gedanken zum Geburtstag

Lebensjahre vergleichbar mit Steinen,
Die liegen im endlosen Strom der Zeit.
Jeder ungleich an Formen und Gestalt,
Trotzen sie hart der Wellen Gewalt.

Wohl wehrlos in des Stromes Macht,
Spielball des Wassers nagender Kraft.
Werden sie blank und glatt poliert,
Und andere mit tiefen Rissen verziert.

Ob scharfkantig oder gleich- und ebenmäßig,
Stets ist der Wasserstrom gefräßig.
Sei's drum, ob er Groß oder Klein,
Steter Tropfen poliert und höhlt den Stein.

Ist er letztendlich zum Kiesel geschlagen,
Wird der Strom ihn zu neuen Ufern tragen.
So gesehen sind Lebensjahre der Elemente Teil,
Denn sie halten dir alle Möglichkeiten feil.

Einmal ganz oben, dann wieder unten,
Hast du stets einen festen Platz gefunden.
Trägst nicht herum ein steinernes Herz,
Plagt dich oft Pein, Sorge und Schmerz.

Nein, weich ist es, voll wärmender Glut.
Erfüllt mit eherner Kraft und gutem Mut.
So mögen stets deine Schritte sein.
Und denke daran, du bist niemals allein.

Zum Geburtstag

Jahre lassen sich weder bremsen noch halten,
Irgendwann gehört man eben zu den Alten.
Da schreitest auch du vorwärts voran,
Ergo, weiter aufwärts steht auf dem Plan.

Jahre sind aufgeteilt in Geben und Nehmen
In Hoffen, Dulden, Lieben, ja auch Entlehnen.
Im Ausstreuen von gutem und tauben Samen
Und nicht folgt ein entschiedenes Ja und Amen.

Doch all dein Tun, wollen und wandeln,
Soll für den Nächsten in Liebe handeln.
Hilfsbereit sein, wie eine herzensgute Fee,
Und bist humorvoll, gesellig und ein Genie.

Selten, fast nie, gibt's bei dir ein Nein,
Herzensinhalt ist wärmender Sonnenschein.
Hilfe wird stets groß geschrieben,
Dein Motto, den Nächsten achten und Lieben.

Darum ist es heute unser aller Begehren,
Anlässlich deines heutigen Jubeltages,
Dir zu danken und dich ein wenig ehren,
liebes Geburtstagskind, gerne ertrag es.

Dem hinzuzufügen gibt's nicht mehr viel,
Denn Pro, heißt dein stets anvisiertes Ziel.
Contra soll bleiben alles, was negativ ist,
Auf einem anderen der Berge von Mist.

Kindertage

Keine Weisheit erdgebunden,
Nahm den Schleier deinem Bild.
Bis die Seel' zurückgefunden,
Wurde Not und Leid gestillt.

Und hat des Daseins bangste Frage,
Die keines Menschen Geist ersann,
Emporgestiegen aus Kindertagen,
Mit erstem Schritt einmal begann.

Wurde der Weg bald steinig und steil,
Mussten Blütenträume jäh verwehen,
Hinweg gespült im Fluss der Zeit,
Konnte doch vieles gut geschehen.

Kurzes Leben

Eine Fliege sitzt im Sonnenschein,
Putzt angeregt ihr Fliegenbein.
Gar zierlich ist es anzusehen,
Doch kurz darauf ist's geschehen.

Sie breitet ihre Flügel aus,
Um wegzufliegen in ein Haus,
In der Stube Tisch und Bank,
Find' reichlich sich Speis und Trank.

Plötzlich surrt die Fliegenklatsche
Da hilft dir niemand aus der Patsche,
Vor dem nächsten Abendrot.
Trat ein der tragische Fliegentot.

Abschied

Ein erfülltes Leben ging jäh zu Ende,
Abgelaufen die endliche Lebenszeit,
Zurückgegeben in des Schöpfers Hände,
Wo Schmerz nun und Sorge weicht.

Wohl tragen wir in uns Traurigkeit,
Sehen gedanklich ein liebes Gesicht,
Das uns vertraut war seit ewiger Zeit,
Kaum Raum für die bitte Wirklichkeit.

Bleibt noch der Hoffnung frohes walten,
Schenkt uns steht's neue Kraft,
Um geduldig uns daran festzuhalten,
Was Glaube und Liebe hat uns geschafft.

Dem Wiedertreffen entgegenzusehen,
Ist Balsam für die verwundeten Seelen.
Wohl wissend, es bleibt immer bestehen,
Was im Leben ist aus Lieb' einmal geschehen.

Somit ist Ruhe im Herzen eingekehrt,
Gottes Friede in Trauer zur Freude kehrt.
Dürfen im Geiste uns innig verbinden,
Bleiben Trauer und Leid bald dahinten.

Zur Goldenen Hochzeit

Fünfzig Ehejahre wollen gefeiert werden,
Denn das ist nicht verständlich auf Erden.
Fünfzig Ehejahre sich in Gemeinschaft üben,
Im Glauben, Hoffen, Dulden und Lieben.

In sonnigen wie in dunkel trüben Tagen,
Sich stützen, helfen, manchmal auch tragen.
Fünfzig Jahre das Treuegelübde gehalten,
Im gegenseitigen Verständnis leben und walten.

Da wurde Hilfe und Kraft reichlich zuteil,
Fandet mit der Gnade Gottes Trost und Heil.
Wo der Segen aus Gottes liebender Hand,
Sich in Kindesgestalt bei euch Erfüllung fand.

Zeigte Glück sich auf vielen Wegen zur Freude,
Blieben auch nicht aus, Schmerz und Sorgen,
Gewartet in der Nacht auf eine neues Heute.
Und es tagte auch neu wieder ein Morgen.

Habt Recht getan, im Nehmen und Geben.
Da wurde Harmonie und Liebe zum Segen.
Mit liebenden Hände gabt ihr gegenseitig Halt.
So wurde ihr jährlich älter aber niemals Alt.

Zum 80. Geburtstag

Unsichtbar heimlich ganz still und leise,
Machte sich Jahr um Jahr auf die Reise.
Sie tragen einen Rucksack gut gefüllt,
Dessen Inhalt den Lebenshunger stillt.

Er beherbergt vielerlei gehabte Träume,
Die Erfüllung fand, oder blieben Schäume.
Du trägst viel Gepäck tagaus, tagein,
Fühlst dich manchmal schwach und klein.

Dann wieder stark, voll jugendlichem Elan,
Denkst dir, heute pack' ich's wieder mal an.
Die schwere Last auf deinem Rücken,
Kann wohl dich hindern oder beglücken.

Liebe und Glück, Freude und Leid,
Hielt dein Lebensrucksack dir bereit.
Doch nach und nach wurde er leichter,
Und dabei dein Rücken immer breiter.

So trägst du ihn geduldig seit achtzig Jahr',
Doch läufst heute nicht mehr in Gefahr,
Ihn noch mal müssen solang zu tragen,
Was würde wohl dein Rücken dazu sagen?

Drum Geburtstagskind, gleich der Sonnenuhr
Und zähl die sonnigen Stunden nur.
Die, die im Schatten lass liegen und entschwinden,
Rückblickend für dich weit, weit dahinten.

5

Wellengang der Gefühle

Abschied aus dieser Welt

Wieviel Tränen müssen fließen,
Wie viel Schmerz hält man aus?
Wo kein Mund kann mehr grüßen,
Wo enden musste ein Lebenslauf.

Zum letzten Mal gehauchtes Leben,
Das Auge bricht, ist matt und leer.
Da ward der Seele heimliches streben,
Hin in jenes Reich am kristallen Meer.

Denn Schöpfergnade kennt das Ziel,
Säumt nicht in der Urkraft seiner Liebe,
Oft unerkannt in der Welten Gewühl,
Bleibt sein Angebot und in mir Friede.

Zurück bleiben bedeutet stets Abschied.
Doch der Hoffnungsstrahl heiß Wiedersehn.
Mit Jubelklang erklingt ein neues Lied.
Zur ewig'n Heimat soll es bald gehen.

Können oder Sollen

Oft denkt der Mensch in seinem Tun,
Dass dies und das gelingt mir gut.
Und sieht er das etwas anders nun,
Trotzdem das Tagwerk still muss ruhn.

Drückt ihn auch noch des Tages Last,
Und keine Türchen ihm sich öffnen will.
Wer ist, wer Hilfe bringt und hohe Rast?
Alleine die Sorgen er trägt, ganz still.

Doch ein tief' Geheimnis ist es nicht,
Um für sich zu finden was man vermisst.
Ein fröhliches Herz, ein hellgrelles Licht,
Das sorgt, dass es der Mensch nie vergisst.

So möge fortan jedermann sich üben
Und In allem mutig stets verkünden,
Den Nächsten so wie sich selber lieben.
Darauf sich bauen lässt und fest gründen.

Liebe das Brot der Welt

Man sagt, Liebe ist der Odem des Menschen.
Das Wort, dem Sinn nach weltweit bekannt.
Es ist ein Geheimnis und Wunder der Erde,
Denn darin verborgen ist, das „Es werde".

Ist wer arm oder reich auf dieser Welt,
Überall diese eine Währung zählt.
Liebe will empfangen, sie will verschenken,
Will Gutes teilen und niemanden kränken.

Egal in wessen Herzen sie eindringt,
Liebe gibt mehr als sie jemals nimmt.
Schlagen zwei Herzen im gleichen Takt,
Wie so ein altbekanntes Sprichwort sagt.

Stimmt das Temperament, auch die Chemie,
Entstehen Sehnsucht, Lust, perfekte Harmonie.
So wird daraus sei's am Tag, in der Nacht.
Ein Segen der später aus den Windeln lacht.

Das Brot der Liebe birgt Lust und Gewinn,
Darin verborgen ist des Lebens Sinn.
Verbindet die Herzen, schnürt enge Bande.
Das Glück zu zeigen ist keine Schande.

Fortunas Füllhorn

Nicht immer schöpfen aus dem Vollen,
Ist unser Daseins Glück und Teil.
Nur ab und an davon etwas kosten,
Hält das Lebensfülle für uns feil.

Manch einem ist es nur beschieden,
Des Alltages Lasten zu bezwingen.
Dabei behalten den inn'ren Frieden,
Und hoffend auf ein gut Gelingen.

Dem Anderen ist das Glück gleich hold,
Der Mond liegt ihm schier zu Füssen.
Doch was nützen ihm Geld und Gold,
Wenn die Kräfte des Lebens ihn verließen.

Darum, was dir auch Fortuna schenkt,
Die schönste Gabe ist und nun mal bleibt,
Dass ein gesunder Geist uns stets lenkt,
Nicht wie Strandgut durchs Leben treibt.

Philosophie des Seins

Kein Mensch vermag heut zu sagen,
Was der nächste Morgen mag bringen.
Ob Frieden bleibt und uns Vöglein singen.
Ob er sich glücklich fühlen darf.

Ohne Seufzen und alles Klagen.
Mut sich verliert in Sorg' und Plagen.
Kommt einem zarten Windhauch an,
Bricht schnell Veränderungen Bahn.

Was ein Mund hat gesprochen.
Mahnt ernst die fliehende Zeit,
Vorbei gleich einer zarten Blüte,
Von einer Hand einmal abgebrochen.

Das was der Jugend Lust und Liebe.
Ist vorbei schon nach wenigen Jahr,
Trägt Vergangenheit letzte Triebe
Nährt Erinnerung, wie es einmal war.

So windet sich der Kranz des Lebens.
Beginnend einst im Kinderhimmel,
Kraftvoll zum Lenze ging es dahin.
Mit Jauchzen und Wonne will singen.

Bis flimmernde Hitze des Sommers kam
Und zollte der Gegenwart Tribut.
Doch der Herbst auch nicht mit Reizen geizt,
Rosarot die Herbstzeitlose Blüten treibt.

Vorwärts mit lebensbejahendem Mut.
Dem Gesellen Winter Paroli bieten.
Der gereifte Mensch in sich selber ruht.
Wo der Spielball des Lebens bleibt liegen.

Eine offene Tür lädt ein einzutreten

6

Gedichte in Alemannisch

Revolution 1948 - 49

So konns fei nimme widdergo, isch'gxi de Parol'.
Hab'mer e paar Gedonke gmocht, schaue'mer emol.
Hab drieber siniert, was sellemols d'Revolution het brocht.
Abr sell, was i do drieber no weiß, han i glese odr ghört,
un was mer in de Schul het defu alles glernt.
Ännewäg, i kennt do dozu hit nit e huffe sage
un au nix b'sunderes ibber des Thema bitrage.
S'kunnt mer vun domols fascht nix me in de Sinn,
warschins, weil i halt soe'ne später geborene bin.
Userdem isch selle Revolution schu hundertfufzig Joor her
un do duet sich unsereins mit'em Erinnere ewängele schwer.
Mer weiß, sisch drunderscht un drieber im Ländle gonge
Uffruhr isch gsi un dodrum hense ne Revolution ogfange.
D'Parol het keise: „So gohts fei nimme so widder."
Un d'Lunt het brennt, firs Revolutions - Quidder.
S'Milidär het gmeidert un die Kerle hen g'funde,
d'Welt hät nach Ungerechtigkeit nur so gschdunke.
De klei Mo uf de Stroß, de Handwerker un de Bur
folge denne Parole uff'de Stell, sen se au noch so stur.
„Mr moche e'Revolution, ha, des kennt jo nit schade."
Wenn'ses nochher hen au miese gründlich usbade.
Revolutzer hense si welle wolle, walte un regiere,
abr s'Barometer ischo gschtande ufem verliere.

Mit'em Mul henses kinne, vun Raschschtat bis'z Wolfe
un g'hörig bim revolutionieren au mit g'holfe.
Land uf un Land nab, iberall hets brodelt un gärt
un me kennt nit sage, s'hät sich keiner drum g'schärt.
Gerechtigkeit, Freiheit, Briderlichkeit un Revolution,
selle Well isch gschwappt bis on Leopolds Thron.
„E Revolution, was sin den des fir unnötige Posse",
het eiligscht miese d'Litt un s'Lond verlosse.
Jo hätt mer sellemols schu e Lauschangriff kennt,
wär monch onderscht de Bach nagrennt.
Abr dezwische het schu moncher vun selle Zittgenosse,
uf de Sieg un uf d'Revolution einer g'soffe.
Im Seelond het d'r Hecker nit hoke bliebe welle,
wott mit Kamerad Struve e Gegewehr ufstelle.
D'Revolution ibbers Lond vorwärts triebe
un d'Obrigkeit viehmäßig in d'Finger nie schniede.
Schnell isch übbers gonze Lond nunder un nuf,
des Revolutions-Fierle entfacht und gonge uf.
Vum Neckar bis ins Kinzigdal isch mer kumme,
het de Heckerhut kennt un hets Heckerlied g'sunge.
S'gonz Volk isch sellemols ufgschreckt g'wese,
war uffschwuelt, so kommer s'hit no ibberall lese.
Moncher Tschooli het do lut mit de Welf g'heult,
un bim Franzosenlärm um d'Freiheit brüllt.
D'Bure, d'Soldate un d'eifache Handwerksgsell,
ware fir die Gerechtigkeit; uns sell uf de Schdell.
Hen welle kämpfe fir de Hecker un sin Zweck,
hen sich nogschmisse in de badische Dreck.
Demokradie hense sich ufs Fähnle gschriebe,
abr mit dem welle isch nur sell Fähnle bliebe.
In Deifels Kuchi kummese, un um Kopf und Krage,
d'r Revolution het bald z'letschte Schtündli gschlage.
De Hecker hät gern ebbes im Lond bewege welle,
abr dapsch am Hund uf de Schwanz, fongt er o belle.

De Draum vun de Freiheit isch schnell gsi usdreimt
un s'Volk war halt widder emol g'leimt un di Dumme.
Hätt'd Hecker vun Frau Herrwegs Mo si Legione gnumme,
wär bi d'Revolution viellicht ebbes besseres rus kumme.
Abr weisch, mit so e paar Litt'le in e'Krieg welle wandere,
Dem Unsinn si Schlamassel zeigt d' Niederlag bi Kandere.
Drum bliebt ame Seil nab losse moncher Litt's Bläsier
un sällewäg kumsch au hitt no fascht s'hindertschtsfür.
Schu e ditscher Reichsverweser, de Erzherzog Johann
het's Ländle g'sähne in strenger Schtrof un im Bann.
Do konsch schwätze und driele, widdes au gern wotsch,
saisch ebbis falsches, kriegsch glich heftig eins uf d'Gosch.
Un do konnsch denke, so gohts fei nimme widder
un vergeblich guckt d'Auge us nach eme edle Ritter.
Drum los mi go, s'hänge schu gnug schwarze Wolke,
wo mer sich fircht; s'kennt e Dunnderwetter folge.
Sisch hitt no so, wie domols vor hundertfufzig Joor,
s'gitt longi Bärt gnug no un wachseder no graue Hoor.
S'gitt viel arme un s'gitt unglaublich riche Litt wälle wäg,
egal obde bisch zipfelsinnig odr au recht gued zwääg.

Des meint halt fir sich d'Res

Sisch widder Friehlig druse

D'Sun schinnt hit schu e'bissli gued warm
Un scho dummlet sich d'Muckeschwarm.
D'Wibber hänge wie Säck am Mo sinem Arm
Un Pärle welle sich helinge im Park rumdrucke.

Bi de Vegel isch scho Brautschau a'gsait.
S'drillert un zwischert nur so in de Luft
Un immer bringe se ebbes o gschlaift,
Se sin am baue uf kumm mit un kumm rus.

Und si moche dodebi e mords Theater.
I'denk, sell isch grad so wie bi de Litt.
Selle sticht im Friehling au no de Hafer
Und donn ischs Schnäble au nit gnug witt.

Do wott e fescher Bue s'Maidle rumkriege,
Und s'wird dobi g'schwänzelt un fladiert,
Of wird do g'loge, dass d'Balge sich biege,
Bis s'Maidle debi gli sinne Vestand veliert.

D'selbig ich liegt donn grad dotal im Eimer
Isch's bi de Fraue wie bi de Katz, die schnurrt.
Jo mei, me kennt jo sinni Papenheimer,
Wenn's Durddeldiele bludert und lut gurrt.

Mudder Natur isch bi de Sach glich bi zur Stell,
Denn do, wos mächtig knoschbet un triebt
Isch d'heißi Lieb e triebig-guater Gsell,
Wemmer mit viel Luscht sich heftig liebt.

So isch de Friehlig ännewäg ebbs bsunders.
D'Mensche, wie Dierle kennets nit losse,
Wie us heiterem Himmel kummt'ders
G'fühl triebe donn mit'r ihre eigene Posse.

Sisch halt de Friehlig immr ebbs fir Alt und Jung.
Sogar de Opa wird noch emol zum Jüngling
Un au d'alt Oma kummt dobi no richtig in Schwung.
Sie turtle und tanze auf d'Platte wie e'jung Ding.

Bliemle bliehe troztdem grad so wie frieher
Un au de Himmel het immer no s'glichi blau.
Filicht isch suberi d'Luft um uns hit de Velierer
Un d'Litt stonde halt uf'de STroß zu oft im Stau.

Abr sunscht isch's wirkli d'schönst Johreszitt.
Elles het e'zittlong gruht, s'war abr ännewäg do.
S'veschdeckte kummt nun widder ons Dageslicht
Un des mocht mich grad so vun gonzem Herze froh.

Sisch elle Dag s'glichhe

I bin fei kei Wolfgang Goethe un au kei Frieder Schiller,
Bin kei Hermann Hesse un scho gar nit d'Arthur Miller.
I bin schon gar nit eine vun dene Dichtergröße,
Di einem no hit hohen Respekt g'hörig inflöse.

I bin nur eh eifache Husfrau us'm Badische Bühl,
Die gern Versli dichtet und domit ebbes ussage will.
Zum Frühschtik will i in Ruh mini Tages-Zittung lese.
Mer will jo wisse, was in d'Welt so los isch g'wese.

Ab'r d'Freid isch mer dobi gli ordentlich vegällt,
Mr meint s'gibt nur noch Misständ uf dere Welt.
Do kinntscht jo grad no e'Gänsehut kriege,
Bi denne ihrem Gedue, Rappel un bösartig Liüge.

De ein het's Buchgrimme un sunschtige Breschte,
Der anner verbrennt sich d'Finger an anderlits Käschte.
Iber all' dem Zügs, kummt mer ins philosophiere
Un kennt iber d'Menschheit gar de Vestand verliere.

Un han'i au monch's bis hit nit recht vestande,
Do hilft mer au nimmi mei mekkere un grandle.
Stattdess schrieb'i in dem Fall halt e'kleines Gedicht
Un freits nit die ondere, donn freits ebbe nur mich.

We mer so iber die buggelig Welt nochdenkt,
Kummt mer schnell uf de Schöpfer, der alles no lenkt.
S'fallt ein'm i, was er het welle mit'em Menscheg'schlecht.
Lese kommer's bi Adelbert Stifter un Berthold Brecht.

So han au i mir mini Gedanke driber g'macht,
Iber den, der au no hit iber die Menschlein wacht.
Vun de Schöpfung hemmer in de Schul ebbes g'hert
Un was'er domols g'schaffe het, isch au hit ebbes wert.

Elles isch wore, mit'e'neme einzig klei's Wörtli,
Seies d'groß Welt isch un au din kleins Gärtle.
D'Viecher im Wasser, uf em Bode un in d' Luft;
S'kleinschte Gräsle, des spiggelt usrer Felsegruft.

Nur, „es werde", so het de Hergott sellemols g'seit
Un von do on het's z'babble uf derre Welt
Het's angfange z'waschse, z'wuele und z'grabble.
S'isch elles recht g'wä, was Er uns het g'schenkt

Un was isch'es hitt? Wemmer nur dra denkt!
Gonz z'friede het er si Welt domols beguckt,
Het donoch vilicht e paarmol no g'schluckt.
Jo do fählt doch ebbis in minem Paradies.

Sie Ebebild, mit Kopf, Händ un e paar Bei.
De Hergott het nit long überlegt dabei,
Het e hondvoller Dreckglumpe g'numme,
E wängle druckt un de Adam isch ruskumme.

Noch e'wengli Geischt in en nie blose,
Hit isch no wichtig, dem Gschöpf sinni Nose.
Un scho het er glebt und laufe kenne,
De Adam het bludd durchs Paradies derfe renne.

Wie long er dert so rumgrennt isch, wissemer nit,
Doch i'denk für mi, s'war eh e'ganz sche longi Zitt.
Ab un an het de Hergott des Exemplar mol bedracht
Un het g'merkt, dass d'Kerli nach ebbis schmacht.

Sch denkt'er, was macht eh Mannsbild au nur
Des muederseelig allei isch uf wieter Flur?
Un grad wie d'Hergott het so drüber nachdenkt
Scho het'er ihm eh fesches Wiebsbild g'schenkt.

S'isch elles kumme, wies bis hit isch gebliebe,
De Maa darf schaffe un's Wieb mues d'Kinder griege.
Doch dertemols hets de Hergott no anderscht welle,
Des sollt'mer hit emol scho richtig hin'schtelle.

Drum het er gmeint, des wird scho e gmeits Mättli si.
Un so werkelt de Hergott grad luschtig druf ni.
Zum Adam het er g'seit, „kum leg di mol her",
Was er dobi vorghett hett, war für Ihn ja nit schwer.

Flugs het'er bim Adam sine Ripple abzehlt
Donn eins dovon schnell fir's Wieb usg'wählt.
Het sie no ewängle gformt un Läbe ihr gäbe,
Ä gueter Dag isch g'schähn, domit kann'ma läbe.

Eva, het'er des Gschöpf fordan g'heise
Un der Nome sott zukünftig au Lebe verheiße.
Vor nix un niemend hen die zwei sich gschämt
Un' sie henn d'Herrgot no persehnlich kennt.

Doch was do drus bald worre isch, liebe Litt,
Isch uns bekannt, wir leide bis in d'hittige Zitt.
Als Schlängle isch domols d'Deifel o'kumme,
D'Adam un selli Eva ware selemols die Dumme.

Au hit no konn de Deifel eh bös Glunggi si,
Isch d'Versuchung pur von obends bis in'd frih.
Un in Dreideifels Kuchi miest jeder mol ende,
Soll's guter letscht sichs Blättli nit wende.

De Hergott het's g'sene un au nit vegesse,
D'Mensch het G'scheitheit nit mitem Leffel g'fresse.
Jo hett mer so e paar Frichtle erscht emol probiert,
Bisch domols wie hit au recht no a'gschmiert.

De Mensch sich au hitt no gern versteckelt,
Hett er ebbbes usghekt oder argis azettelt.
De Hergott het's Paradies deshalb fescht veschlosse
Un me het selewäg gnug briele und Träne vegosse.

Un wäge so'ner süißi Frucht isch elles hinderschtsfür,
D' Erzengel vesperrt sitther fescht des Paradies Dür.
Hett mer selle bittre Frucht donn endlich mol vedaut,
Kummt bestimmt wieder einer, der e'neie sich glaut.

Was als Folge sellen Sindefalls ibrig bliebe isch,
Kummt hitt on jedem Dag per Zittung uf de Tisch.
Un het au einer ehmol e gueti glücklich Stund,
Triebts de Deifel gwiss widder emol recht bunt.

Johr in, Johr us, mol viel Leid, mol viel Luscht,
Nur brutal Lischtig, arg'Trug, Mord un Dodschlag,
Do griegt unsereins jo no de Alldagsfruscht.
Glaub, so wird's bliebe bis zum jüngschte Dag.

Egal ob Männle oder Wieble, sie werres lerne nie.
Zu groß isch'de Egoismus, d'Machtsucht und Gier.
Us dem allem ebbes lehre sich de Mensch duet schwer,
Geschtern war's so, isch's hitt un'no in dousend Johr.

De Draum vum siebte Himmel

Vor e'paar Dag han' was draimt un des muß'i verzelle,
D'Ohrlöffel kenneder jetzt scho uf Empfang ischtelle.
I bin gschtorbe gsie, schtellt eich des emol vor,
Un stond plötzlich drobe vor sellem Himmelsdor.

E'huffe Litt hon'i gsen, die alleweil scho därt,
Do wär'i am liebschte uf'de Stell widder umkehrt,
Un e'mords Gschrei hen die dort uffgfiert,
De Petrus het nemlich grad Litt zu Gruppe sordiert.

D' bäsi, seid'er, noch links, d' brave noch rechts
Un'i denk mer debi gar'nix, un überhauüt nit schlechts.
Un uf aimol höris brühle und des au nit wie:
Di'dert, un dobi het mer uf mi hinzeigt, jo dohinde, di.

Di'sott mol glich un sofort doher nu'kumme".
D'Litt fonge do schu on z'grandle und brumme.
Wer isch die denn? han'i lut e paar froge g'hert,
Doch denne e'Ontwort gä, dess war es nit'de wärt.

S'war mer im Augeblick abr grad einerlei,
Bin gonz käb on denne alli g'schwind vorbei.
Bis vor zu'em Schalter, dert an sellere Dier,
Scho said au de Petrus herbar lut un gli zu mir:

Hör, du'bisch vun uns, no gang gli dert ni,
Do drinne wird schu no e scheens Plätzle fir di si.
Doch als'i gli in den Saal ni g'laufe bin gsi,
Hab ich dert abr nur Diplomade g'sene drin.

Die hen lut g'schwetzt vun de große Polidig,
Pahlt vun mehr oder weniger fulle Drick.
Vun ihre Pateien, d'CDU, SPD und CSU,
Do denk' mer'dobi, nei, do kersch abr nit dezu.

Bin witter un im zweide Himmel, o du Schand,
Der war voll mit ludder gschriegelde Mineschtrand,
Di hen luthals dobt un nervig arg gegreischt,
Dass'e braver Mensch dodebi grad so erbleicht.

Villicht abr dert hinde, e'Schdockwerk höher,
Gitts fir unserains viellicht eher ebbes her.
Gosch halt glich no mol s'Drepple widder nuf
Un gonz liesli moch ich's dort s'Dierle witt uf.

I guck heimlich do nei un werd grad no verickt,
Ludder Schweschtere sind drin, di gonz vezickt,
Versunke gsi sin und verdieft in e'innig Gebäd,
Dodebi hens'si Köpf un d'Auge gonz verdreht.

Nei, nei, do bascht au gonz und gor nit nei,
Viellicht e'Schdöckle höher, dort kennts sei.
Verflixt abr, im vierte Himmel, sisch nit normal,
Seh'i nur schwarz vun lutter Pfarrer do im Saal.

Di hen eifrig g'schriebe un sehrt lud predigt,
Mensch, glaub mir, i'war schu gonz erledigt.
Voll ehrfirchtig hon i mi dief nieder duckt,
Trotzdem het oiner schu bäs her zumir guckt.

Un lud nussbrielt, gong nus, bisch nit g'scheit,
Du sisch doch, mer hen jetzt für'di keini Zeit.
Im finfte Himmel, des het mer grad no g'fählt,
Ludder Bischöf sinn do drinne gsi, un Kardinäl.

Bim sechste Himmel, denk'i mer jetzt doch,
Zuerscht gucki' emol bissli durchs Schlisselloch.
Do verreksch, glaub'mr, was soll'i euch sage,
Nur Päpscht wurde dert drine rumgedrage.

Glauffe isch fun denne dort abr au nit einer,
Si'wäre rumgschleift vum Sepp un'dem Heiner.
Bin baff un'so langsom kenni m'fei nimme us,
Wo lauft des denn des älles am End no druf nus.

De Petrus het doch zu'mer gsait: do gong ni.
I'glaubs nitt, des het'doch miese e'Irdum si.
Gonz drurig un still bin i longsomer wore,
Do dringt abr no ebbis an mine beidi Ohre.

Vum siebte Himmel, dort drobe underm Dach,
Vun dert her kummt plötzlich e'ludder Krach.
Schnell denk'i, des kennts villicht si, bass emol uff,
Nimm zwei Dreppe uf aimol un nix wie do nuff.

Un do war vor'mr nur no eini letschte Dier,
Bin dert und guck glei nie, un seh, do hocket ihr.
Ihr alli hen gschunkelt, lärmt un sehr lutt g'lacht,
Sodass fascht di gonze Bude zomme kracht.

Liebe Litt, glaubt'mr, des war au e'gewimmel,
Dert do, im letschde vun denne siebe Himmel.
Einige vun euch hemmi g'sen und gli gwunke,
Sisch au gveschbert wore und no viel mehr drunke.

S'Bier geh und e'gueder Wi , sowie no Moscht,
Do wird razebuz wegebuzt, weil's au nix koscht.
S'brucht sich dodebi au niemend gräme un schäme,
Von dem was doliegt und steht konnsch was willsch näme.

Brusch dodrum au nit long rum'dischbediere
Du einfach vun allem un jedem was probiere.
D'Peter dert hionde, het mi au bald endeckt
Un het de long Finger noch'mer g'streckt.

Said zu'mer, endlich do kummsch jo zum Glick,
Kumm hock di hierher, un moch jetzt au mit.
Wirklich, s'war grad so schen, genauso wie hitt,
Doch des i'han alles nur dreimt kabt, ihr liebe Litt.

S'isch Mezeldag

Uf haue un schdeche, do lufts druf nuss,
S'Mezeldag, do s'goht ons Läbä dere Wutz.
Erscht isch's no e'gonz kleinis Säule g'sie,
Un guckt grad so gluecklich innem Stall drie,

Isch abr schu ibberall gued begehrt,
Wies wertle Schpon-Fergele uns lehrt.
Donn, noch ener bschdimmder Zitt,
Wird's ewängele rund un richdig dick.

Het schu ghörig Schpeck on gsetzt,
D'Metzgr si Messer isch au schu g'wetzt.
Gmetzelt wird hit des Säaule, des Dier,
So ischs allweil im Läbe, seit de Bure mir.

Drumm, nimms hi, sei bloß keu Dupp
Un frei di uf e guedi Mezelsupp.
Het mer sich dodron erscht gwehnt,
Bisch mit'm Metzeldag bald usgsöhnt.

Ruckzuck liegt's scho do uffm Schrage,
So isches halt, s'ghot'm glich on d'Krage.
Liegt ufem Deller erscht s'beschde Schdick,
Domit han i änewäg e saumäsig Glueck.

7

Freude an gefiederten Gesellen

Der Rhododendron-Busch

Im Garten unten vorm Haus,
Da wächst ein schöner Busch
Und jeder kann gut sehen,
Was ein und aus da huscht.

Ein Amselpaar fand Freude,
An seinem bunten Blütenkleid.
Was kümmern uns all die Leute,
Zur Hochzeit ist es nun soweit.

Frau Amsel und ihr Amselmann
Besahen sich den Strauch sodann.
Zwitscherten, da ist was dran,
Zum Nestbau er taugt, komm ran"

Frau Amsel nützt die schönen Tage,
Die ihr von Natur aus zugeteilt
Und nach Tagen im Brautgelage,
Beim Brutgeschäfte sie verweilt.

Das dauert nur eine ganz kurze Zeit,
Vöglein's Ei im Nest dann zerplatzt.
Heraus schält sich so eins, zwei, drei,
Der Vogel-Eltern ganzer Schatz.

Drei Vogelkinder liegen nun,
Blind sind sie, nackt und bloß,
Mama wird schon das rechte tun
Bringt sie mühsam alle groß.

Herbeigeschafft wird vom Papa,
Erbeutete Würmer groß der Zahl.
Doch hin und wieder fliegt auch Mama
Besorgt mit ihm das Festtagsmahl.

In Tag und Wochen ist' zu es seh'n,
Nach Mutter Natur es muss gescheh'n,
Zeit zu wachsen ist nun erfüllt.
Der Vogelkinder Hunger ward gestillt.

Doch will man gewisse Parallelen ziehen,
Es gleicht sich dabei Mensch wie Tier.
Dem Nest so schnell es geht entfliehen,
Erobern die Welt, sie gehöret mir.

So denken nicht nur Menschenkinder,
Auch Spatzen und Amseln ist's zuteil,
Werden gar schnell zu Nestentflüchter,
Wer sagt, gut Ding braucht gut Weil?

Amseltreue

Seit vielen Jahren ein Amselpaar ist uns treu,
Stets neugierig und überhaupt ohne Scheu.
Im Frühling sitzen sie auf des Daches Zinne,
Ihr Lied gleich dem eines einem Minne.

Melodisch fein erklingen ihre Weisen,
Wollen den jungen Morgen anpreisen.
Im Sommer teilen sie mit Ihresgleichen,
An Blättern und Korkenzieher-Weiden.

Ihr Nachwuchs, nur Mutter Natur sah zu,
Erhielten Erziehung mal in Moll und Dur.
Wurden aufgeklärt im Geben und Nehmen,
In Sein oder Nichtsein, den Vogelthemen.

Getreu dem Gen, Abflug in den Süden.
Doch das Amselpaar vermag es nicht betrüben.
Sie kennen eine Quelle, einen guten Platz,
Wo täglich sie finden reichlich Futterschatz.

Kommt der Winter mit Sturm, Schnee und Eis
Wird es im Garten bald sehr kalt und weiß.
Dem Amselpaar bleibt da Terrasse und Balkon,
Und mit ihnen auch deren Tochter und Sohn.

Am sichern üppig-gedeckten Futterplatz,
Lass'n nieder sich ohne Sorge und Hatz.
Überwintern, die Parole für das Amselpaar,
Das Treue uns hielt, schon Jahr für Jahr.

Trauer um Frau Amsel

Hör unten vom Haus eine fiepende Vogelstimme,
Sie erreichte mein Ohr, alarmierte meine Sinne.
Öffnete sacht mein Küchenfenster und sah hinaus,
Mein Blick fiel auf eine Amsel und ich wette darauf,
Dass es die vertraut treue Frau Amsel war,
Vom Busch die Angetraute unseres Amselpaar.

Sie hüpfte herbei, total ermüdet und so matt,
Zwitscherte ein paar Töne, sah hoch, ich war platt.
Meine Antwort hat sie sehr wohl vernommen
Und ist not ein Stückchen näher hergekommen.
Kroch zur Hecke, wo der Rhododendren-Busch steht,
Hörte einige Laute die der Wind mir hat verweht.

Mir schwante, der Vogel ist ein Todeskandidat,
Wenn eventuell Nachbars Katze sich naht.
Doch bevor ich mich zum Stadtbummel aufmachte,
Hörte ich die Vogelstimme noch, ganz sachte.
Was weiter geschah, ich kann's nicht sagen,
Höchstens ne' unsichere Prognose wagen.

Vom Kaffeeklatsch nach Hause gekommen,
Dachte ich bei mir, noch ganz versonnen,
Es ist Abend geworden, bestimmt die Amsel ruht.
Der Tag ist zu Ende gegangen, es geht ihr gut.
Doch kurz vor der Haustüre, welch ein Schreck,
Das lag sie, die Amsel tot, lang hingestreckt.

Warum lag sie hier im dämmernden Abendlicht?
So nahe an der Türe, suchte sie vielleicht mich?
Mein letzter Dienst nun an dem treuen Tier,
Ich besorgte mir einige Bögen Zeitungspapier.
Bette sanft hinein, was übrig der toten Amselfrau,
War in Gedanken beim armen Amselmann.

Wickelte den irdischen Rest ein, entsorgte ihn dann.
Werde ihr zwitschern vermissen so dann und wann.
Sie wird mir fehlen, wenn schaue ich zum Fenster hinaus,
Wo sie mich begrüßte, ging ich oder kam ich nach Haus.
Denke dabei, Mensch wie Tier hat seinen Erdenlauf.
Es ist Kommen und Gehen, ein ab und hinauf.

8

Schicksalstage

Abschied

Ein Gärtner durch seinen Garten geht,
Denselben er von Herzen liebt und hegt.
Gleich ihn schon kalter Wind umweht,
Er's mit gütig-prüfendem Auge besieht.

Ach wie wenig lässt sich mit Worten sagen,
Wenn eine schöne Blume schnell verblüht.
Was nutzen tröstenden Worte, nützen Klagen,
ein Gärtner solches im anderen Lichte sieht.

Menschen wie Pflanzen sie gehen dahin,
Von Natur ist begrenzt ihr irdisches Leben.
Erhoffte man auch oft auch als Lebenssinn,
Nach ewiger Zeitlosigkeit hinzustreben.

Doch unser Dasein wird im Gedächtnis bleiben.
Jede Rosenblüte ist unseren Herzen nicht fern.
Sie will in meinen Träumen sich mir zeigen
Hell glänzend als ein hell-güldener Stern.

Blitz aus heiterem Himmel

Schon naht die Parze unverhofft,
Mit eilig und vertrautem Schritt.
Kommt unangemeldet, wie oft,
Bringt wohlfeil ihre Gaben mit.

Egal was im Gepäck sie trägt,
Ob Sorge, helle Freude, Frust.
Das eine auf den Magen schlägt,
Das andre gebiert süße Lust.

Tritt dann zu Tage das Verborgene,
Schlägt ein gar, wie ein heller Blitz.
Vergisst dabei fast das Sorgende,
Wo uns ein beschwertes Herze sitzt.

Ängste reihen sich zu einer Kette,
Mut sucht Erfolge in der Tat.
Zuversicht glänzt um die Wette,
Misst sich mit des Helfers Rat.

Des Blitzes Stahl will gut er lenken,
Verleiht dem Herzen neue Kraft.
Lässt nächtig an den Morgen denken,
Der Hoffnung gibt und Frieden schafft.

Das Auge froh hin zur Zukunft blickt,
Lässt bald vergessen all den Schmerz.
Dankbar ein Seufzer nach oben schickt,
Froh über das in sich ruhende Herz.

Fügung

Der beste Wille ist Gottes Wille.
Begib dich allzeit gern hinein.
Dieser macht dich sanft und stille.
Begehrenswert ist es nur allein.

Der Himmel erhöret all dein Flehen
Auch spricht er manches Mal ein Nein.
Lässt gnädig dir vorüberziehen,
Dein heißer Wunsch oder bloße Pein.

Von Lebensstürmen tief gebeugt,
Nach endlos Sorgen und bittrem Los.
Bist du einem alten Baume gleich,
Im Wachstum stark und riesengroß.

Doch wenn dir die Kräfte brechen,
Der Atem geht dir quälend schwer,
Vermagst kein einzig Wort zu sprechen,
Hast nur noch ein stilles Seufzen mehr.

Dann sage dir, so ist es mir recht,
In all meinen vielen offenen Fragen,
Lass ich Gott den Höchsten raten,
Denn er ist und bleibet nur gerecht.

Dein Engel

Unsichtbar und doch so ganz nah,
Dein Engel ist immer für dich da.
Will bewahren und treu begleiten,
Sogar für dein Wohl mal streiten.

Nimmt liebend zärtlich deine Hand,
Will sicher führen dich durchs Land.
Treu zur Seite will er dir stehen,
Mit auf Höhen und durch Tiefen gehen.

Hat Auftrag vom Schöpfer bekommen,
Das haben auch Geister vernommen,
Die nicht immer dein Bestes wollen,
Nur Leid und Jammer gönnen zollen.

Schutzengel sein ist wahrlich schwer,
Wer glaubt an ihn heute noch, wer?
Sind's Kinder oder einfach du und ich?
Doch mein Wissen bewahret sich.

Ohne meinen Engel ich schutzlos bin,
Mein Begleiter ist mehr als Lottogewinn.
Er ist bei mir in allen Lebenslagen,
Gibt Antwort auf heimlich gestellt Fragen.

Nur mit dem Herzen hörbar und so klar,
Bewahrung verspricht er Jahr um Jahr.
So wird nicht seine Hilfe mir groß geschrieben,
Stärkt mich in Glauben, Hoffen und Lieben.

Dein Platz ist leer

Grau ist das Haupt von der Lebens Bürde,
Vorangeschritten in Alter und Würde.
So stehst du vor mei'm inneren Augen,
Ich seh' deine Treue und deinen Glauben.

Doch eines Tages, da ist's geschehen.
Nirgendwo konnte dein Gesicht ich sehen.
Dein Platz auf der Bank, der blieb nun leer,
Dein Schicksal zu verstehen fiel mir schwer.

Jahr um Jahr da saßest du stets dort
Nahmst freudig auf das Gottes Wort.
Nun stellten Fragen sich bei mir ein,
Was mag denn das blos geschehen sein?

Hat Krankheit dich an's Bett gefesselt;
Haben Geister der Welt dich eingekesselt?
Vielleicht Sorgen und Last der Alltagsfülle
Dich eingelullt, wie das Zirpen der Grille?

Sind es einfach tägliche Beschwerden,
Denen jeder von uns Herr muss werden?
Ja, dieses und jenes fragt man sich,
Denn grundlos ist es sicher nicht.

Jeder Frage wird einmal Antwort zuteil.
Der Spiegel des Lebens hält sie dir feil.
Der Winter des Lebens fordert Tribut
Nagt an des Menschen höchstem Gut.

Krankheiten kommen oft über Nacht
Und schon manchen Platz leer gemacht.
Es geht mit Schmerz und Kummer einher,
Leider muss bleiben dein Platz dann leer.

Aber dennoch, ob in der Lebensblüte Fülle
Oder dort in der Krankenstube Stille,
Sei es im Winter deines langen Lebens,
Nie war auf Erden ein Platz vergebens.

Gedanken begleiten dich so manchen Tag,
Deckt dich auch längst schon das kühle Grab.
Neu wird hier der Platz besetzet sein,
Von lieben Mensch groß oder klein.

Das Rad der Zeit, das dreht sich weiter,
Mal wird es stürmisch, dann wieder heiter.
Nichts wird bleiben wie es vordem war,
Vergehen darüber selbst hundert Jahr.

Einfach nur Tage

Wahrlich, wie kurios sind manche Tage.
Kommen angebraust wie ein Wind.
Lassen zurück so manch offene Frage,
Um hilflos zu werden wie ein Kind.

Warum, weshalb geschieht so dies und das?
Wo doch in Liebe dem Nächsten ward gedacht.
Lässt man sie welken, wie im Herbst das Gras,
Ohne Liebe die Welt zum Jammertal macht.

Im Meer der Zeit

Alles im Leben hat Zweck und Sinn,
Sei es abends oder am Morgen.
Hält bereit Verlust oder gar Gewinn.
So hat jede Zeit ihre eigenen Sorgen.

Selbst die Natur hat wechselnden Zeiten,
Alles kommt stille, wiederum vergeht.
Beständig will sie vorwärtsschreiten,
Egal woher und wohin der Wind weht.

In dem Gestern ist verborgen das Heute,
Und das Morgen ist nicht mehr weit.
Darum begrüße fröhlich jeden Tag,
Bedenke, dass er auch Gutes vermag.

Wohnungssuche

Rentner sein, neue Welten tun sich auf.
Von nun an nimmt das Schicksal neuen Lauf.
Will beginnen was ein Rentnerdasein heißt.
Für manchen hat dies seinen eigenen Preis.

Die Wohnung wird zu groß, ist man nur zu zweit.
Hat man ein Haus mit viel Zimmern ganz allein.
Dazu ein Büro, die Frage schleicht sich ein.
Ist dieses noch von Nöten, muss das sein?

Wer soll das denn bloß alles nur putzen?
Schon beginnt ein Abwägen des Nutzen.
Antwort ist schnell gegeben, im Vertrauen.
Rentnerleute sollten auf einen Umzug bauen.

Es gilt ein Haus auf drei Zimmer reduzieren,
Die Frage wie wir alles neu etablieren.
Bei den Zimmerwänden wäre Länge und Breite,
Wichtig, aber auch Höhe und lichte Weite.

Muss ausgelotet werden und bemessen,
Ohne die Umgebung nicht zu vergessen.
Dann eine Menge an Möbeln, groß wie klein,
Wo geht hier das und was dort war hinein.

Welche Wegbegleiter der Jahre bleiben zurück,
Von persönlich langen Lebensglück?
Einiges, das man je nach Jahren der Ehe,
Sich hat angeschafft fürs Wohl und Wehe.

Wehmut im Herzen macht sich breit,
Im Wissen: Denke an das letzte Kleid.
Nichts Erdgebundenes bleibt auf dieser Welt.
Egal wieviel Jahre das Leben dir gezählt.

Bleibt nur das Echo der Rentnergeschichte,
Mensch, nur nach dem Möglichen dich richte.
Sollte dennoch höhere Mächte sich zeigen,
Die dir längst schon Hilfe wollten bereiten.

Darf nicht überhört werden deren Signale
Denn ihrer ist und bleibt ein glückliches Finale.
Merke: Jedes gut Ding will Weile haben.
Bingo, es ist gelungen, ja darf man sagen:

Es ist ein Domizil ganz für uns gedacht,
Hat mit einem «Es sei» Erlösung gebracht.
Auf zu neuen Ufern ist nun unsere Parole,
Bleiben auch zurück, Sofa und Bettkonsole.

Finden wird sich was immer an Mobiliar.
Speziell an Diversem, das ist doch klar.
Kisten, Tüten, Körbe und Kartonagen,
Schleppen mit viel und ohne Patronagen.

Das ist das Dilemma und nun ab sofort,
Auf geht's, so der Packers und Trägers Wort.
Wenn das neue Nest erst belegt, bezogen,
Glätten sich schnell manche Sorgenwogen.

Eine Türe geht auf

So düsterdunkel es auch oftmals war,
In Bedrängnis und Nöten dieser Zeit.
Selbst in manch unsichtbarer Gefahr,
Ward mir der Helfer nicht sehr weit.

In Erfüllung der Zeit ist's helle geworden.
Das Bewahren in unerschütterlicher Treu.
Sieht die Mühsal ab und an um die Ecke.
Bleibt die Hoffnung nie auf der Strecke.

Zeit und Ewigkeit ist nur ein Schritt

Losgelöst vom allem vergänglichen Ballast,
Dahin gegangen ist ein lieber Erdengast.
Vergangen ist nun Leid und Schmerz,
Wo duldsam ein teures Menschenherz.

Eine werte Seele ging hin in aller Stille
Verließ die erdgebundene Leibeshülle.
Vollendet ist mit den eigenen Lebenslauf,
Doch im ew'gen Zeitenplan nur ein Hauch.

Ist der Mensch einmal in die Welt geboren,
Geht er nie mehr für immer verloren.
Oben hoch über dem Himmelszelt,
Seh' ich den Eingang zur anderen Welt.

Keine Wolke wird je sich dort mehr türmen.
Noch Drangsal bedrängen und dich bestürmen.
Dem Urgesetz des ewigen Seins die Seele folgt,
Gott und der Schöpfer hat es so gewollt.

Zufriedenheit

Sie weist uns sicher den rechten Weg,
Schmälert unsere Ungeduld und Pein.
Ist der Barmherzigkeit fester Steg,
Will Kraft dir und stiller Helfer sein.

Sie ist dem Dürftigen großer Trost,
Macht die Traurigen wieder heiter.
Schenkt dem Hungrigen ein Brot
Und ist dem Blinden ein Begleiter.

Merke:
Geht's nicht immer nach eigenem Wollen,
überdenke den Tag ohne Frust und Grollen.

Du auch

Nur Herzen die im Gleichtakt schlagen,
Sich in inn'ger Liebe helfen und tragen.
Nur Augen, die das Gleiche sehen,
In Schwingung und Harmonie ergehen.

Kann Schöpfung begreifen und verstehen.
Nur Ohren die fein gleiches hören,
Das zärtliche Zirpen der Grille vernehmen.
Und gerne dem Weinen eines Kindes lauschen.

Hören das Plätschern und Bachesrauschen.
Das Säuseln des Windes man vernimmt.
Sind fest verbunden im Willen bestimmt.
Wollen weinen und lachen tauschen.

Flach

Liegt der Mensch erst einmal flach,
Hilft ihm auch kein Weh und Ach.
Will aufrecht gehen, bequem und gut,
So wie jeder Mensch es gern tut.

Egal welcher Schmerz ihn grad bedrückt.
Hofft dass bald Besserung ihn beglückt.
Will entfliehen dem Bette, der Station,
Außer kein Fünck'chen mehr in ihm wohn,

Was ihn hat gezwickt und sehr bedrohte.
Heimlich Ängste weckt vor'm nahenden Tode.
Nach Gesundheit steht ihm sehr der Sinn.
Hofft mit ärztlicher Hilfe, dass er gewinn.

Die Operation

Welche Hiobsbotschaft es auch war,
Dem Patienten war da sofort klar,
Dass im Bauch etwas nicht stimmte,
Und hoffend, der Arzt das Übel finde.

Doktor sagt: Jetzt muss es sein,
Helfen kann ich hier nicht allein.
Ein Krankenhausaufenthalt ist angesagt,
Soll Patient dort sein, die Sorge nagt.

Alsbald hat man ihn dorthin einbestellt,
Von oben bis unten auf den Kopf gestellt.
EKG gemacht, noch etwas Blut gezapft,
Frage, ob man viel säuft und gar pafft?

Morgens darauf und das ganz früh,
Beginnt der Vorbereitung Müh.
Endlich liegt man auf dem Schraken,
Abgedeckt nur mit ein paar Laken.

Doktor spricht und auch die Schwestern,
Nichts wird mehr sein, noch war, wie gestern.
Wird narkotisiert, liegt in Morpheus Armen,
Spürst nicht, was hinweg sie nahmen.

Das Übel endlich heraus geschnitten,
Woran der Patient so sehr gelitten.
Der Blinddarm wurde mit entnommen,
Hat man später erst vernommen.

Denn wenn schneiden, dann gleich richtig.
Ein blinder Wurm ist ja nicht so wichtig.
Schwach liegt der Patient in seinem Bett,
Schmerzen plagen, gar nicht nett.

Noch ein paar Tage muss er leiden,
Ein wenig noch an Infusionen weiden.
So schreitet fort, der Tag, die Stunde,
Dann kommt sie doch, die frohe Kunde.

Alles ist wieder zurecht gerückt,
Operation ist gelungen und wohl geglückt.
Eine feine Naht wurde noch gezogen,
Langsame Heilung wurd' erwogen.

Patient im Bett, fast sorgenfrei,
Viel Besucher eilen nun herbei.
Nur hier und da zwickt mal der Bauch,
Hängt daran ja noch so ein Schlauch.

Zeit vergeht, bald ist's ausgestanden,
Hunger ist nun auch vorhanden.
Lachen hilft, Heilung ist bald nah,
Als ganz kostenloses Vitamin A.

So ein nötiger Aufenthalt fürwahr,
Nicht nur der Krankheit nützlich war.
Patient gesund, führt was im Schilde,
Bald Jedermann ist gleich im Bilde.

Nach Hause drängt des Patienten Herz.
Vergessen ist der große Schmerz.
Zuhause sein, im eigenen Bette liegen,
Zufrieden da in Träumen sich wiegen.

Krankentage

Du armer Mensch, was ist geschehen?
Schmerzverzerrt das Antlitz weiß.
So muss ich dich hier leiden sehen,
Zerschlagen, als wärest du ein Greis.

Tückisch ein Schicksalsschlag ihn bückt,
Das spricht man so leicht dahin.
Wen so eine schwere Bürde drückt,
Sieht darin weder Zweck noch Sinn.

In Geduld muss er sich nun schicken,
Hat manche Pein und schwere Zeit.
Wird dankbar nach jeder Hilfe blicken,
Die helfenden Hände halten bereit.

Richtet den Blick mit stummem Bitten,
Nach oben, wo zum Retter der da ist.
Fleht um Gnade und des Gottes Güte,
Der wohl mit anderem Maße misst.

Egal wen solches herb getroffen,
Von Heilung da ein jeder träumt.
Auf schnelle Besserung will hoffen,
Sei es ein Feind oder ein Freund.

Ob Mann, Weib, oder kleines Kind,
Wertvoll ist uns das kostbare Leben.
Und weil wir Geschöpfe Gottes sind,
Bleibt's auf Dauer ein Nehmen, ein Geben.

Im Krankenhaus

Korridore, Ärzte, viele Schwestern,
Hektische Betriebsamkeit allerorts.
So ist es heute, so war es gestern
Und auch morgen geht's so fort.

Schwester ruft der leidende Patient.
Doch manches ist noch zu tun,
Bis sie zu demselben eilends rennt,
Keine Zeit um kurz mal auszuruh'n.

Infusionen da, noch ein Katheter,
Liebe Leute, das weiß doch jeder,
Wird am Mensch gekonnt installiert,
Auf dass er sorgloser sich entleert.

Hingestreckt auf weißem Linnen,
Nadeln, Schläuche, alles muss sein,
Um den Wettlauf zu gewinnen,
Stecken, hängen sie in Arm und Bein.

Endlich dann, nach Tag und Stunden,
Hoffnung keimt, gleich'nem Silberstrahl.
Die Ärzte dürfen nun bekunden,
Genesung naht nach Pein und Qual.

Der Mensch klammert sich an's Wort,
Das neue Kräfte ihm wieder verleiht.
Nun entlassen eilt er schleunigst fort,
Von einer zentnerschweren Last befreit.

Geht eine Liebe aus dieser Welt

Wie viele Tränen müssen erst fließen?
Welche Schmerzen hält ein Mensch aus?
Wo ein Mund kann nicht mehr grüßen,
Beendet ist nun ein teurer Lebenslauf.

Zum letzten Mal gehauchtes Leben,
Hat nur gehört das geflüsterte Komm.
Und es geht der Seele stilles streben,
Zu jenem Reich, am gläsernen Strom.

Denn Schöpfergnade kennt das Ziel,
Säumt nicht in seiner Allmacht Liebe.
Oft unerkannt in der Welten Gewühl,
Bleibt sein Angebot: mit dir sei Friede.

Zurück bleiben ist stets ein Abschied.
Des Hoffnungsstrahls aber Wiedersehen,
Mag sich finden im Wort und Lied.
Zur jenseitigen Heimat soll's hingehen.

Zeit und Ewigkeit ist nur ein Schritt

Losgelöst von allem irdischen Ballast,
Fortgezogen ist ein lieber Erdengast.
Vergangen ist nun jeglicher Schmerz,
Wie duldsam war des Menschen Herz.

Nun verließ eine Seel' in aller Stille
Ihre erdgebunden gewohnte Leibeshülle.
Vollendet ist ein befristeter Lebenslauf,
Im Zeitenplan des Ewigen nur ein Hauch.

In die Menschheit einmal hineingeboren,
Geht sie nun doch Mitnichten verloren.
Denn oben, hoch über dem Himmelszelt,
Ist der Eingang in eine ganz andere Welt.

Keine Wolken dort sich mehr türmen.
Noch Feind und Ungemach uns bestürmen.
Dem ewigen Urgesetz die Seele folgt,
Ihr Gott und Schöpfer hat es gewollt.

Grenzsteine, Zeichen eines gesetzten Endes

9

Philosophie des Seins

Ruhe

Sie schmälert Ungeduld und Pein,
Lässt finden dich den rechten Weg.
Will Kraft und großer Helfer sein,
Ist der Hoffnung ein fester Steg.

Sie ist den Dürftigen ein Trost,
Macht die Traurigen wieder heiter,
Schenkt dem Hungrigen Brot.
Ist dem Blinden ein sicherer Begleiter.

Weder Schmerz noch süße Wonne,
Bleibt auf der Welt immer bestehen.
Selbst der Strahl der wärmenden Sonne,
Muss abends wieder untergehen.

Doch was auch wird kommen,
Das dir missfällt oder kann frommen,
Vergiss nicht, denk immer daran,
Ruhe der neue Morgen bringen kann.

Pilgerzeit

Gott, du gibst den Dürstenden Trost,
Gibst der Blöße feinste Kleider,
Dem Hungrigen sättigendes Brot,
Und machst Traurige wieder heiter.

O Gott, dein Tun, deine große Gnade.
Ist keinem Kind auf Erden ein Schade.
Drum Gott, verleihe uns Beständigkeit.
Gerne weihen dir unserer Zeit.

Denn gleich 'nem Samenkorn in der Erde Schoß,
Ist des Menschen Sterblichkeit sein Los.
Ist die Zeit da, die so fern uns scheint,
Wo wir mit dir o, Gott ewig sind vereint.

Freudentag

Momente im Leben wie ein zarter Hauch.
Ziehen vorüber wie Nebel und Rauch.
Solcher Moment ist Geburtstag zu haben,
Und Gesund zu sein, das sind Gnadengaben.

Manche Geschenke dir heute gegeben.
Doch Schönstes aller, das ist dein Leben.
Wohl vielfältig und mannigfach dein Streben,
Deine Zeit auf Erden mit Sinn zu leben.

Zeit die im Glück und in Beschwerden.
Du nur als Leihgabe mögest verwalten.
Will Gott dir noch viel Sonnentage schenken.
Nach seinem gütigen Wohlgefallen halten.

Dem Schöpfer der Welt

Dein ist Saat und Ernte.
Dein ist die ganze Welt.
Dein ist das Gelernte.
Dein ist das Himmelszelt.

Dein sind Wiesen und Felder.
Dein sind Wolken und Wind.
Dein sind Meere und Wälder.
Dein ist jedes Menschenkind.

Dein sind alle Gedanken.
Dein bleibt Leben und Tod.
Dein sind Gesunde und Kranke.
Dein ist der Ähre Brot.

Dein sind gebende Hände.
Dein ist Friede und Ruh.
Dein bleibt Anfang und Ende,
Schenke Gnade und Segen hinzu.

Sorgen

Gleich einem Drachen der verschlingt,
Dir manchmal Ängste und Sorgen sind.
Die Welt, so öde, so fad und dunkel,
Unsichtbar und fern die Sterne funkeln.

Doch wenn das Morgenrot erwacht,
Müssen fliehen die Schatten der Nacht.
Ruhe zieht in das gequälte Herz,
Erträglich wird Sorge und Schmerz.

Bar der Tränen sieht das Auge,
Lächeln will der stumme Mund.
Neu erstarke fester Glaube,
Dank der klaren Morgenstund.

Neu nimmt ein Tag dich gefangen,
Alles Wollen, alles Walten und Tun
Und dein sorgenvolles Bangen,
In Gottes Hand wird fortan ruh'n.

Merke, nicht alles ist Gold das funkelt,
Nicht jede Nacht bleibt immer dunkel,
Nicht jede Spur geht einmal verloren,
Denn siehe, Licht wird neu geboren.

Verblühte Tage

Alles was wahr ist, ist nicht vergebens.
Was wir hatten, ist gelebtes Leben.
Mit ihm gehen Menschengedanken fort,
Sammeln sich an einem unbekannten Ort.

Da bleibt dem Greis nur das Erzählen.
Mag Schwatzsucht manchen auch quälen.
Jugendzeit war viel zu kurz im Leben,
Um einem langen Alter genug zu geben.

Erinnerungen werden zu Wahrheiten,
wie unter einem Vergrößerungsglas.
Stetig nur vorwärts wollen schreiten.
Leid und Verzicht seine Schatten warf.

Je mehr Jahre dahineilen und vergehen,
Wird schöner das Bild, rückwärts besehen.
Mutig man will durchs Leben schreiten,
Auch wenn Falten das Antlitz kleiden.

Weisheit des Alters lässt sich finden,
Je mehr Blütenträume entschwinden.
Kehren zurück ins Licht der Wonne,
Um Gast zu sein, Jenseits der Sonne.

Bis dann einst der Tag sich hat erfüllt
Tiefe Sehnsucht aller Herzen gestillt.
Wo heut' Unsichtbares sichtbar wird,
Damit das Auge sich nimmer mehr irrt.

Kommen und gehen

Gedanken die ich niederschreibe,
Kommen, ich weiß nicht woher.
Egal wie ich sie auch zubereite,
Sinn und Deutung fällt unschwer.

Bisweilen erscheinen sie in Scharen,
Machen sich schleichend in mir breit,
Doch sie mit einem Netze einzufangen,
Bringt alles Wollen nicht gar weit.

Gleich einem Vogel, der den Käfig nicht liebt,
Sind die Gedanken Kinder der Freiheit.
Himmelhoch jauchzend, zu Tode betrübt
Suchen uns heim in Raum und Zeit.

Das Dasein und doch wieder nicht,
Endlos, ohn' jegliche Schranken,
Völlig grenzenlos, endlos, so zeigt es sich,
Die Herberge der Menge an Gedanken.

Entschlüpfen eilends ins Niemandsland,
Entschwinden im Hauch eines Windes.
Ja, der beste Gedanke bald entschwand
Im Zuge der fortziehenden Wolken.

So will ich die, die mir noch verbleiben,
Von glücklichen Stunden eines Augenblicks,
Eilends hier festhalten und niederschreiben
Dabei danken meinem glücklich' Geschick.

Sehnsucht

Zage nicht, teures Menschenherz,
Bald schwinden Leid und Schmerz.
Wahrlich, nur noch eine kleine Weile,
Setzt an den Hobel oder Lebensfeile.

Dann wirst du nichts mehr missen,
Was unser aller gesichert Wissen,
Vereint in jener vollkommenen Welt,
Weder Weinen noch Trauer zählt.

Tausend Freudenlieder werden erklingen,
Ein Hosianna dem Höchsten wir dem singen.
Erschallt aus Kehlen, ob Groß, ob Klein,
Ein klangvolles Echo ertönt, endlich daheim.

10

Gedenken der Mutter

Mutter

Mutter, Wort vom Anbeginn der Zeit;
Mutter, zum Dulden, Sorgen, Tragen bereit.
Mutter, der Menschheit zum Kinderglück;
Mutter, teilt gerne das Brot, Stück für Stück.

Mutter, Krankheitswächterin Tag und Nacht,
Mutter, aus deren Auge echte Liebe lacht.
Mutterhände, die gerne sich regen,
Mutterworte, die das Universum bewegen.

Mutterliebe, sie lehrte mich danke sagen,
Mutterherz hilft kleine Lasten tragen.
Mutter, sie hält fest die kleine Hand,
Mutter führt hin ins erhabene Märchenland.

Mutter wacht eisern übern Tageslauf;
Mutter nimmt Schlag auf Schlag in Kauf.
Mutter hilft zum Erwachsen werden,
Mutter, du bist ein Diamant auf Erden.

Mutter, Felsen im Welten Gewimmel,
Mutter, heller Stern am Kinderhimmel.
Mutter wird zur lieben Oma gemacht;
Mutter, Großmutter geduldig und sacht.

Mutter, war der Weg zu ihr stets offen,
Mutter, heut' ist der Kreislauf geschlossen.
Mutter, tritt ab von der Lebensbühne,
Mutter, ewig gilt dir meine Dankeshymne.

Gedanken zum Muttertag

Einmal im Jahr ist Muttertag.

Aus 365 Tage wurde ein Gedenktag reserviert
Somit von Menschensinn zum Dank kreiert.
Dieser Tag ist mit Erinnerungen verbunden.
Der Summe an schönen, auch bitteren Stunden.

Erinnert wie es früher in meinem Leben war,
Die Vergangenheit sind sie, Tage und Jahr.
Geld gab's wenig bei uns kleinen Leute,
Stets fand sich etwas, was Mutter freute.

Ein Taschentuch mit Blüten umhäkelt;
Buchzeichen stilvoll mit Glanzpapier gefädelt.
Oder gar ein Zweigchen vom Fliederbaums,
Sorgte für Erfüllung eines Kindertraums.

Ein kleiner Strauß und ein paar grüne Zweige,
Damit der Busch nicht einen Mangel leide,
Wurden abgebrochen sachte, ganz sachte
Mit klopfendem Herzen der Mutter brachte.

Und eine Wiese barg vielfältige Blütenpracht,
Das so ein Kinderseelchen glücklich macht.
Butterblumen fanden sich, Nägele, Margeriten,
Zum Pflücken ließen wir uns nicht lange bitten.

Sträußchen schmiegten sich in die Kinderhand.
Heimgetragen, als Morgengabe und Dank.
Hineingelegt in die liebende Mutterhände.
Wirklich, solch Mutterhände sprechen Bände.

Das Mutterherz kennt Kummer und Schmerz.
Die Mutteraugen spiegeln Treu und Glauben,
Mutterworte öffneten dem Leben Pforten.
Doch was ist heute noch der Tag für die Mutter?

Blumen, Gutscheine, Geldgeschäfte und mehr.
Mit Kommerz geht so ein Muttertag einher.
Sind die Kinder groß oder noch klein,
Ein Geschenk muss auch heute noch sein.

Vergessen wird leicht die schönste aller Gaben,
Das Glück, meine Mutter noch zu haben.
Dies bleibt sie immer und zu jeder Zeit,
Hier, oder ist sie schon dort in der Ewigkeit.

Darum möge jeder neue Tag hier auf Erden
Ein Muttertag sein, es bleiben und werden.
Sag ihr immer wieder einmal herzlich Dank,
Ob in Gedanken oder als ein Druck der Hand.

Dank an die Mutter

Welche Gnade für jedes Menschenkind,
Wenn Mutterhände uns gewogen sind.
Sie hielten uns fest in jeglichen Gefahren,
Als kleines Kind oder schon reif an Jahren.

Durch Liebe, Sorge und des Mutters Geduld,
Wird schnell verziehen jegliche Schuld.
Ihr tröstendes Wort in Freude und Schmerz,
Legt sich wie Balsam auf ein wundes Herz.

Vergessen ist Angst und des Tages Not,
Mutterliebe bringt alles ins rechte Lot.
Die Dankbarkeit im Herz nur jener kennt,
Der Mutterliebe spürt und Eigen nennt.

Mutter, Mutter, ach nur ein kleines Wort,
Doch ohne sie, wie schrecklich der Ort.
In ihrer Treue, Liebe und heren Pflicht,
Findet sich Vergleichbares auf Erden nicht.

Ruhe, Frieden birgt der Mutter Schoß,
Oh glückliches und beseligendes Kinderlos.
Es helfe Gott in Freud- und Kummertagen,
Einer Mutter herzlichen Dank zu sagen.

Dankeschön für ihre liebende Müh' und Plage,
Sei Ehrfurcht, die im Herzen man trage,
Bis die Lebenszeit erfüllt wird sein,
Bedeckt Erde das Grab meines Mütterlein.

Im Paradiesgärtchen darf sie dann stehen,
Und wartet dort, auf unser Wiedersehen.
Ist in der geistigen Welt mit mir verbunden,
Mein Wohl und Wehe will ich ihr bekunden.

Mutter-Kinderzeit

„Änne, männe muh und raus bist du."

Kennst du diesen kleinen Kinderreim?
Man hört ihn sogar heute noch schrei'n.
Höre ich solch kleine freudige Weisen,
Geht mein Herze gerne mit auf Reisen.

Da denke ich an meine Kindheitstage,
Die erlebte Freude, Sorgen oder Klage.
Hör' meiner Mutter vertraute Stimme,
An manch liebes Wort ich mich besinne.

Vergangenheit und wahres Kinderglück,
Gern' erinnere ich mich daran zurück.
Was ist eines Kindes armes Leben,
Dem so ein Mutterglück ist nicht gegeben?

Die Mutter, die mir mein Leben schenkte,
Geduldig meine ersten Schritte lenkte.
Die mich auf den Schoß hat genommen,
Erst Worte aus ihrem Mund vernommen.

Als kleiner Wicht, der mutig will wagen,
Die schwersten Lasten mag selber tragen.
Stimmt mutig in des Lebens Stücke,
Findet hier und da eine winzige Lücke.

Freut' sich der gewonnenen Stunden,
Ja will gerne die ganze Welt erkunden.
Denk an die Werke, die sie mich lehrte,
All jener Gefahren, die sie mir wehrte.

Tröstet voll Liebe das Leid, den Schmerz,
Drückte ihr Kind an das Mutterherz.
Denk an viele durchwachten Nächte,
Ihre Bitten, dass der Tag Heilung brächte.

Denk an die schönen Kinderspiele.
Mutter wusste davon ja so viele.
Die Märchen, die sie mir hat vorgelesen,
Im Zauberwald bin ich mit ihr gewesen.

Während der Liebe erstes Herzeleid,
Öffnete mir Mutter ihre Arme weit.
Nahm mich an die Brust, mich auszuweinen,
Ließ allen den Kummer so klein erscheinen.

Lernte kennen einen guten Mann.
Zur Schwiegermama wurde sie fortan.
Und Enkel kamen, die liebten Omama;
War sie doch immer nun für alle da.

Auf Erden sind wir alle hier nur ein Gast,
Durchwandeln die Welt, halten mal kurz Rast.
Die Zeit wird kommen, sei's früh oder spat,
Zieh ich hinüber nach Gottes ewigem Rat.

So wünsche ich mir, Gott lass es geschehen,
Dass ich die Mutter dort darf wiedersehen.
Möcht' danken ihr für das, was sie gegeben,
Mir als ein Rüstzeug zu mein Erdenleben.

Manche Bilder zeigen heute hier und da,
Wie es in der guten alten Zeit so war.
Mutter ist sie längst ins Grab gesunken,
Mühsal einer endlichen Welt überwunden.

Allem Vergangenen sei es laut geklagt,
Rost der Vergänglichkeit daran nagt.
Zurück bleiben freudige Erinnerungen,
Der Reime der Kinder ist längst verklungen.

Erinnerung

Aus des düstern Nebels grauer Gischt
Trat heraus wie im helllichten Traum.
Ein mir gar vertraut liebes Gesicht,
Nahm tiefst mir im Herzen Raum.

Der Erinnerung nach jenem gleicht,
Die mich geboren und Mutter genannt.
Hervor quoll die vergangene Kinderzeit,
Die so weit schon dahinten liegt zurück.

Jahre webten gedanklich ihr ein Kleid
Um das längst schon vergangene Glück.
Mutter, dein Sein will ich nie vergessen.
Kann man Mutters Verlust mir ermessen?

11

Miteinander - Füreinander

Sich verstehen

Menschen die sich bestens verstehen,
Vermögen über Brücken zu gehen.
Schreiten in Gedanken über Schluchten.
Wege zum inneren Gleichklang suchten.

Sie zollen Achtung ihrem Nächsten,
Zeigen Mitleid mit dem Schwächsten.
Ihr Wissen steht über allen Dingen,
Der Missgunst kann nichts gelingen.

Ihr Vertrauen hebt über jegliche Schuld.
Die Liebe beherbergt verzeihende Geduld.
Wird Begleiter dir auf Tritt und Weg,
Stützt, wo es kaum zum Halten geht.

Trost und Hilfe vermag nicht zu wanken,
Lachen durchbricht hemmende Schranken.
Mit Friede im Herzen, nur positiv denken.
Lebensfreude soll dir Zuversicht schenken.

Gelingt dies dem Mensch hier auf Erden,
Kann er dem andern zum Glücksfall werden.
Schafft Harmonie im vertrauten Kreis
Wo jeder gerne lebt, geborgen sich weiß.

Nehmen und geben

Willst du empfangen, musst du erst geben.
Willst du schenken, betrachte das Leben.
So magst du immer und stets bedenken,
Dein Geschicke kann nur einer lenken.

Willst du Freude geben von Herzen,
Ganz selbstlos sein und nur aus Liebe.
Auch jenen in Sorgen und Schmerzen.
Überlegt dich in der Nächstenliebe üben.

Liebe

Es gibt Liebe auf den ersten Blick
Und Berührung bedeutet kleines Glück.
Liebe wächst mit jedem neuen Tag,
Egal was er noch sonst bringen mag.

Liebe hat so gewisse Eigenheiten,
Erträgt Mühsal, Not und Leiden.
Liebe will beschützen, will dulden,
Will vergeben und zum Frieden streben.

Seelenverwandte

Keine Blumen will ich verschicken,
Noch Tränklein sollen dich erquicken,
Nur Worte geformt aus Gedanken
Mögen dein Herz hiermit umranken.

Helle Freude steigt mir ins Auge,
Wärme durchdringt jedes Herz,
Wenn Menschen sich gut verstehen,
Sich mögen, im rechten Lichte sehen.

Nachbarschaft

Gleich welche Stadt oder Zinken,
Schön ist es, sie vorzufinden.
Von Nachbarn ist hier die Rede,
Die es gibt, wo immer ich lebe.

Hier und da hör ich von Leuten,
Die Nachbars Nähe wahrlich scheuten.
Auch solche bitte nicht vergessen,
Mit denen nicht gut ist Kirschen essen.

Doch ist dein Nachbar dir gewogen,
Hast du das große Los gezogen.
Da gibt ein jeder was er mag,
Freut sich des Nachbarn jeden Tag.

Ob Alt, ob Jung, was macht das schon,
Für beide zählt der Umgangston.
Lässt sich gern von guten Taten leiten,
Sagt Leut': Was gibt's denn zu streiten?

Wo jeder positiv möchte denken,
Will Herz und Vertrauen schenken,
Erfährt Nachbarschaft voll Harmonie,
Gleichklang bleibt da keine Utopie.

Im Frohsinn und Schmerz.

Wo Sprache und Gebärden,
Mannigfach sich gleichen.
Ein Austausch der Gedanken,
Befruchten will und bereichern.

Wollen nutzen diese Gabe,
Sie gebrauchen oft und gern.
In der Ferne oder ganz nahe,
Hell soll erstrahlen ein Stern.

Geben und helfen

Wer kennt sie nicht die vergesslich werden?
Wo verloren sind körperliche Gaben.
Es offenbaren sich diffuse Beschwerden,
Woran Kinder und Eltern zu tragen haben.

Der Zeitpunkt lässt sich nicht bestimmen,
Manchmal Mal geschieht es über Nacht.
Mühe macht dann das Rückbesinnen,
Was Tag und Stunden haben gebracht.

Einmal nicht mehr sich helfen können,
Hilfe benötigt beim Kleid zuknöpfen,
Schuhe binden und oder Suppe schöpfen.
Seine Brille finden, Telefonnummern wählen.

Schlüssel suchen und das Geld nachzählen,
Spazieren gehen ob in der Nähe, oder ferne,
Liebende Hände führen und leiten.
Halten einen Menschen sicher am Arm.

Bestimmen die Richtung wie ein Gendarm.
Helfen dem alten Vater oder der Mutter.
Wegsehen oder Zuschauen was ist zu tun?
Gut Rast ist teuer und willkommen nun.

Sich nicht darf zieren, aber in Geduld üben.
Weder Vaters noch's Mutterherz betrüben.
Diverse Handreichungen tagaus, tagein,
Wollen gelernt, geübt und betätigt sein.

Menschen wollen rasten und verweilen.
Nicht nur eilends von A nach B zu eilen.
Noch haben sie den Kopf zum Denken,
Möchten Meinungen sagen, Ideen schenken.

Wohl ist da nicht dabei auszuharren,
Zurücknehmen das eigene Beharren.
Der Versuchung widerstehen beizuspringen.
Dabei Lob spenden, für das gute Gelingen.

Zudem die eigenen Kräfte eingebracht
Und doch am Ende es glücklich geschafft.
Drum helfe, wenn die Zeit gekommen ist,
Zum Lebensabschnitt, der die Zeit vergisst.

Freundschaft

Kennst du den Baum, Freundschaft genannt?
Das unter Menschen nur noch wenig bekannt.
Doch damals in längst fernen Kindertagen,
Da wollten wir alle unsere Freunde haben.

Niemals war es zu den Freunden zu weit,
War noch so knapp bemessen die Zeit.
Vieles, ach vieles konnte man entbehren
Und sich der Garten- und Hausarbeit wehren.

War lang oder kurz zu den Freunden der Weg,
Nichts hielt uns zurück, weder Zaun noch Steg.
Freunde zu treffen war ein Herzensdrang,
Ob die Sonne strahlte oder der Regen ran.

Nichts war unseren Füßen zu beschwerlich,
Freunde zu haben war unentbehrlich.
Sagt, blüht es noch heute, dieses edle Gewächs?
Wohl dem, der Freundschaft hat und schätzt.

Der sollte sie pflegen, hegen, säuberlich fein,
Denn es ist zu schön bei Freunden zu sein.
Mit ihnen gemeinsam lachen mit frohem Sinn,
Und gehen mit ihnen durch dick und dünn.

Solches will uns das Bäumchen verraten.
Bewahrst du es, wird es Früchte dir tragen.
Ginge Freundschaft verloren, die edle Gabe,
Bliebe am Ende nur ein Jammerschade.

Vertrauen

Vertrauen ist wie ein Edelstein;
Unbezahlbar ist sein herer Wert.
Jeder will davon Besitzer sein,
Weil man es so sehr begehrt.

Der Mutterhand vertraut das Kind,
Verlässt sich auf des Vaters Augen,
Hofft, dass es rechte Wege sind,
Vertrauen, fester Grund zum Glauben.

Der Mensch sieht nur das Angesicht,
Das Verborgene oft schweigt.
Doch schaut er in ein Augenlicht,
Wohl Vertrauen sich ihm zeigt.

So bleibt das Schönste auf der Welt,
Wo Menschen es gern schenken,
Ohn' alles Gut und alles Geld,
Nur an reine Herzen ist zu denken.

Vertrauen lässt sich nicht befehlen
Und schon gar nicht anerziehen.
Nur manchmal lässt es sich fast stehlen,
Doch zum Gerechten wird es fliehen.

Zeigt offen dir das Angesicht,
Trübt von keinem falschen Schein,
Lieb' dir aus dem Auge bricht,
Sollst ein Vertrauter willst du sein.

Und du

Willst du empfangen, musst du erst geben,
Nur eine offene Hand kann Herzen bewegen.
Willst du Liebe, so verschenke erst Frieden,
In ihm liegt alles und Wahrheit wird siegen.

Ein offenes Ohr, das dir fein zugeneigt,
Will hören was ihm zur Ehre gereicht.
Ein sprechender Mund sich dir offenbart,
Da wird Wort und Tat redlich bewahrt.

Denn wo Geben und Nehmen die Waage hält,
Ist Ausgleich gegeben und kein Ballast anfällt.

Spiel und Spaß im Stadtgarten

Oh welche Freude haben kleine Leute,
Wenn sie forteilen hin zu jenem Ort.
Wo Schaukel, Rutsche und ein Brunnen,
Mit Eifer wird in Beschlag genommen.

Da wollen sie toben, springen, rennen,
Staudämme bauen und sein eigen nennen,
Kunstvoll errichtet aus Wasser und Sand,
Ein Bauwerk geformt aus Kinderhand.

Mit Eifer gehen sie dann zu Werke,
Schaffen kühn ein Land der Zwerge.
Die Stunden werden hier nicht lang,
Doch nahte der Abend irgendwann.

Bei Kinderlachen und Vogelgesang.

Augen erfreuen sich am Sonnenschein,
Den Blumen und Bäumen im Schatten.
Wer träumt nicht von Wassers kühlender Gischt,
Die Nässe sich mit dem Blumenduft mischt.

Daneben laden Bänke zum Rasten ein,
Zur Erholung eben für Groß und Klein.
Gerne bin ich hier und erfreue mich neu,
An den Jahreszeiten und des Gartens Zier.

Gut behütet

12

Auf Weg und Steg

Auf dem großen, weiten Völkermeer

Zwei Inseln liegen von Ewigkeit umschlungen,
Und an eine von diesen gebunden bist auch du.
Das andere Eiland wird von Engeln besungen,
Es ist die Heimat der Seele und ewiger Ruh'.

Beim Tag der Geburt hat der Herr dir gegeben,
Der Seele als Schifflein, den Leib und das Blut.
Damit du es nütztest im zukünftigen Leben,
Zu durchqueren die große, trennende Flut.

Milliarden haben so ein Schifflein bekommen,
Suchten sie auch nach dem herrlichen Strand?
Plötzlich ward ihnen das Schifflein genommen,
Sie blieben gebunden am irdischen Land.

Du hast gut gerüstet dein Schifflein zur Reise,
Und lichtest den Anker mit entschlossenem Griff,
Da klopft's an dein Schifflein, jemand bittet leise:
Komm lass mich einsteigen zu dir in dein Schiff.

Es ist eine Seele, die nur ohne es zu wissen,
Den Zweck ihres irdischen Lebens hat verpasst,
Muss nun das Ufer der Herrlichkeit missen,
So nimm sie auf, als willkommener Gast.

Wir wissen, dass eine unsterbliche Seele
Dem Herrn mehr bedeutet als diese Welt,
Drum trachte, dass ew'ger Reichtum nicht fehle
Und liebe den Gast, der sich zu dir gesellt.

Und prüfe, ob nicht noch Kisten und Kasten
Voll irdischen Wünschen du hast an Bord.
Bedenke, es sind nur vergängliche Lasten,
Sie schmälern den Schiffsraum, drum lasse sie fort.

Hier am Ufer der Erde stehen noch so viele
Und blicken aufs Meer zum rettenden Boot.
Sie wollen hinüber zum herrlichen Ziele,
Denn hier herrscht Dunkel, Sterben und Tod.

Erkenne ihr Sehnen, verstehe ihr Schweigen,
Komm trage sie als eine köstliche Last.
Lade sie ein in dein Schifflein zu steigen,
Sie danken, dass du erhöret sie hast.

So fahr fort nach dem herrlichen Strande,
Der Gott-Vater gibt Segen und Gelingen dazu.
Schon winken die Seligen im lichten Gewande,
Komm eile, o'Schifflein, hier findest du Ruh.

Das Meer

In der Brandung ein Fels,
Um in tobenden Wellen.
Wo Möwen-Schreie gellen
Und die Woge sich bricht.
Sind gierig ihre Zungen,
Werden sie niedergerungen,
Zur wild schäumenden Gischt.

Ruf der Berge

Auf mein Freund, mach dich ans Werk,
Kein Zaudern gibt's, ruft dich der Berg.
Ein Sehnen ist es, im Herz und Sinn,
Zieht's dich Wanderer zum Berge hin.

Gut geschnürt sind die Wanderschuh,
Der Weg ist das Ziel, dem eile nun zu.
Ein Raunen hörst du von den Bergeshöhn,
Die flüstern: „Komm steige herauf und seh."

Ist auch mühsam dein Schritt, voll weh,
Geht es schwer über Felsen und Schnee.
Sind Geröll und Gletscher erst überwunden,
Naht schon das Ziel dir, nach vielen Stunden.

So ein Marsch hinauf wurde niemals bereut,
Weder Zeit noch Mühsal hast du gescheut.
Voller Zuversicht den Aufstieg genommen,
Und schwitzend doch die Zinne erklommen.

Nahmst alle Strapazen zu gerne in Kauf,
Ragte endlich das Gipfelkreuz vor dir auf.
Grenzenlos der Blick über Berge und Land,
Tränen heller Freude dir im Auge stand.

Muss wie ein Adler sich fühlen, im stillen Glück.
Hoch oben über des Alltags Ach und Weh.
Über den Niederungen des Tales ich steh.
Will genießen den Tag und den Augenblick.

Dein Weg

Geh musst du den Weg der dir bestimmt,
Der ein' Anfang hat und ein Ende nimmt.
Darauf zu bleiben, sich nicht zu verlieren,
Weil Köstlichkeiten des Weges zieren.

Ist dem festen Willen still geweiht,
Versäumtes selten den Wanderer erfreut.
Umleitung bedeutet die Wege verlassen,
Das Durchstreifen manch dunkler Gassen.

Wohl führt er irgendwann wieder zurück,
Doch oft bleibt aus, vermeintliches Glück.
Schicksal nennt man dann seinen Weg,
Vorhersehung, jeder Weg und gelegte Steg.

Anstiege, die steil nach oben weisen,
Ruhm, Ehre, Erfolg, allgemein sie heißen.
Niederungen sollte man vielleicht erwähnen
Und das sich Ergehen im Tal der Tränen.

Da bleibt dein Weg immer ein Geschenk.
Gedenke aber wohl, wohin dein Schritt dich lenkt.

"Der Weg ist das Ziel" (Konfuzius)

Der Fluss

Jener den ich meine ist der „Vater Rhein",
Er ist es, der meine Heimat durchzieht.
Gern möchte ich darauf ein Schifflein sein,
Das sanft auf seinen Wellen sich wiegt.
Dem Hafen zusteuert, der Sicherheit gibt.
Das tagaus, tagein in seinem Arme liegt.
Da könnte ich fühlen sein pochendes Herz,
Geduldig er trägt der Schiffe schwere Last.
Die gefüllt mit Waren, von Getreide bis Erz,
Zieht ohne Rast, Ziel Nord oder Südwärts.

Ein Wanderer

Geht morgens früh die Sonne auf,
Zieht es den Wanderer eilends hinaus.
Wonne durchziehet still seine Brust,
Zurück bleibt jeglicher Alltagsfrust.

Auf lichten Pfaden bergwärts gehen,
Will Blumen er am Wegrand sehen.
Erblickt dunkle Wälder, grüne Seen,
Hört leis' irgendwoher ein Echo wehen.

Weiter, vorwärts trägt ihn sein Fuß,
Aufwärts geht's: „Gott zum Gruß".
Endlich oben auf des Berges Zinne,
Durchzieht Frieden das Herz und Sinne.

Weit geht sein Auge über Berg und Tal.
Wie köstlich schmeckt das karge Mahl.
Doch nur kurz ist oben das Verweilen,
Talwärts muss endlich er wieder eilen.

Zurück bleibt ein Stückchen Ewigkeit.
In Schöpferhand liegt Stund' und Zeit.
So schreitet auch Schritt für Schritt,
Ein wenig Melancholie geht leise mit.

Hinter sich bleibt Berg und Steg,
Vergangenheit sein Wanderweg.
Von hoch droben grüßt zum letzten Mal
Der Abendsonne hellgüldner Strahl.

Ein Wegbegleiter

Du bist meinem Herzen nicht fern.
Willst mich begleiten, gleich wohin.
Gleichst einem leitenden Stern,
Bist mir zugeteilt seit Anbeginn.

Engel nennt man dich seit alters her.
Du bist Gegenwart und Vergangenheit,
Bleibst Helfer im rauen Zeitenmeer
Und Beistand, zum Tragen steht's bereit.

Sei es des Abends oder frühem Morgen,
In deiner Obhut fühl ich mich geborgen.
Will Dank dir aufrichtig einmal sagen,
weil glücklich ich bin, ohne alle Klagen

Wandrers Lust und Freud

Glaube versetzt bekanntlich hohe Berge,
Da werden Riesen kleine Zwerge.
So gesehen will ich ohne Grollen,
Mich Einordnen in jenes gerne Wollen.

Topfit zu sein an Mark und Bein,
Und stolz im eignen Sein und Schein.
Wohl Schranken zeigen mir auf'm Weg,
Tapfer gehen auf Pfad und Steg.

Der Mühsal gar so manch Weh erzeugt,
Das weder mich noch andere erfreut.
Denn Freude, Lust und wohlgemut,
Oft in Wanderführers Händen ruht

Hoffnung

Oh Wanderer im Schattenjoch,
Sollst ja verzweifeln nicht.
Was finster war, endet doch,
Es lichten Schatten sich.
Du siehst die Sonne bald,
Nicht immer bleib's nur kalt.

Wohin

Es kommt der Tag, ich muss gehen,
Nur um die Ecke kommt's mir vor,
Gibt's Pfade, die ich noch nie gesehen,
Oder dort dies geheimnisvolles Tor.

Die Straße gleitet von mir fort,
Weg von der Tür, wo sie begann.
Zur Ferne hin, dem fremden Ort,
Soll folgen ihr der gehen kann.

Dort im Westen glüht es schon,
Will nun unbekannte Wege zieh'n.
Zur Lerche ihrem hellen Jubelton,
Vom Mondschein zur Sonne hin.

Der Tag er ist noch nicht vertan,
Wohl dunkelt's am Waldessaum.
Noch zieht die Sonne ihre Bahn,
Wirft seine Schatten übern Baum.

Dennoch gebe ich den Weg nicht auf,
Der mir vom Beginn an zugedacht.
Sehe der hellen Sterne milder Lauf,
Kommt sachte nun die dunkle Nacht.

Wenn die Nacht dann hernieder sinkt,
Ich niedersitz mit müdem Schuh,
Mir ein warmes, helles Fenster winkt,
Dann darf ich eingehn zur Abendruh.

Flüchtig

Ach wie flüchtig, ach wie nichtig
Sind doch unsere Lebenstage.
Gleich wie ein reisender Fluss,
Der seinen Ursprung nimmt,
Vom Berg zu Tal will rinnen,
In seinem Lauf nie hält inne,
Bis mit dem Meer sich vereint.

13

Weisheiten des Lebens

Aus Kindertagen

Keine Weisheit hier erdgebunden,
Nahm den Schleier deinem Bild.
Bis die Seel' hat zurückgefunden
Wurde Not und Herzeleid gestillt.

Da sind des Daseins bange Fragen,
Die keines Menschen Genie ersann,
Stieg empor aus einst'gen Kindertagen,
Dort, wo einst es einmal begann.

Wurde der Weg bald steinig und steil,
Mussten Blütenträume jäh verwehen,
Hinweg gespült im Fluss der Zeit,
Weil's Schicksal anderes hielt bereit.

Was ich bin

Was ich bin, das bin ich herzlich gern,
Bin weder arm und auch nicht reich.
Eitler Sinn, der liegt mir ganz fern,
Mach mich keinem andern gleich.

Ein altes Sprichwort das heut gilt noch:
„Schuster bleib bei deinem Leisten"
Dann trüge mancher ein leichteres Joch,
Könnte mit Bravour sein Leben meistern.

Darum halt ich mich an den Rat der Alten,
Bemühe mich mein Leben zu leben.
Will mich getreulich daran halten,
Was Natur mir als Geschenk gegeben.

Verschließe nicht mir Aug' und Ohr,
Denn wer des Lebens Schule schwänzt,
Ist und bleibt für immer ein Tor,
Trotz der ihm angeborenen Intelligenz.

Oft geschieht nicht was man gerne will
Und Unglück dünkt mir gleich als Strafe.
Doch hältst du im Geschehenen still,
Wird Torheit nicht zu einer Plage.

Gegebenes annehmen, akzeptieren,
Ob es die Hochs sind oder die Tiefs.
Sich nicht in wenn ober aber verlieren,
Liegt das Lebensschiff noch so schief.

Ein neuer Morgen, ein neuer Tag,
Zeigt sich schon fern am Horizont.
Der wieder Neues bringen mag
Damit sich des Leben leben lohnt.

Was ist Zeit

Zeit ist immer wie ein genähtes Kleid,
Dem einen viel zu klein und zu eng,
Andern ist's zu lang und endlos weit,
Dem das richtige Maß verloren ging.

Passend will es sich jeder machen,
Kann ruhig sein Zeitgenosse lachen.
Zwingen möchte man Tun und Recht,
Ist der Schalk des Menschen Knecht.

Mancher meint es vielleicht gut,
Doch statt Gutem eher Böses tut.
Woher da mögen Winde wehen,
Gute Kleider zu Gebote stehen.

Träume

Wenn Träume Flügel bekämen,
Sie flögen in wo das Herze ist.
In unbekannte Sphärenwelten,
In der man das Sein vergisst.

Alles allgemeine Wohl und Wehe
Erscheint dann im anderen Licht.
In dessen ich mich selbst besehe
Wohl aus einer besseren Sicht.

Träumen, ach was kann schöner sein?
Wie ein Vogel hoch dahin zu fliegen,
Hinein in den hellen Sonnenschein
Und sanft im Winde dabei wiegen.

Solches Kleid, das einem jeden passt,
Kann schneidern nur, wer gute Maße hat.
Drum merke fein und halt dich daran,
Sein ist besser als was Schein sein kann.

Gedanken

Gedanken begleiten dich ohne Zahl,
Was immer gedacht, du hast die Wahl.
Gedanken, sie schaffen Werke und Taten,
Gedanken zu Krieg und Frieden sie raten.

Gedanken, sie bleiben stets eine Macht,
Gott selbst hat dich mit ihnen bedacht.
Gedanken nie gefangen; sie bleiben immer frei,
Gedanken hab stets einen Sack voll dabei.

Gedanken wandern treu täglich mit dir
Und bekommen doch keinen Pfennig dafür.
Gedanken durchwandern die endlose Nacht
Und in Gedanken wird schlaflos durchwacht.

Gedanken, sie werden zur reißenden Flut.
Gedanken gebären eine bösgierige Brut.
Gedanken, sie treiben dich hin und her.
Gedanken machen die Seele so schwer.

Warten können

Ich wünsche dir viel Duldsamkeit,
Denn ohne sie trägt auch die Liebe,
Nur äußerlich ein schönes Kleid.
Frage ist, was sonst noch bliebe?

Ungeduld gebiert mehr als bloßes Leid.
Man spricht auch gerne von Toleranz
Und lässt den Blick leicht trüben,
darin praktisch sie auch zu üben.

Die Duldsamkeit kommt ohne Waage
Und ohne Maßband recht gut aus.
Sucht nicht des Anderen Niederlage
Und teilt keinesfalls Befehle aus.

Mit Geduld und warten sich vollzieht,
Wie ein edles Juwel in Gold entsteht,
Ein bunter Blumenteppich an Gefühle,
Greift ein in unser heit'res Gemüte,

Kommen und gehen

Gedanken die ich niederschreibe,
Kommen, ich weiß nicht woher.
Egal wie ich sie auch zubereite,
Sinn und Deutung fällt nicht schwer.

Bisweilen erscheinen sie in Scharen,
Machen sich in mir geistig breit.
Doch sie im Netze noch einzufangen,
Bringt alles wollen nicht sehr weit.

Gleich einem Vogel, den Käfig nicht liebt,
Sind unsere Gedanken Kinder der Freiheit.
Himmelhoch jauchzend, zu Tode betrübt,
Heimsuchen sie uns durch Raum und Zeit.

Das Dasein sehen und doch nicht,
Die Endlosigkeit ohne Schranken,
Völlig grenzenlos sind sie, zeigt sich,
In der Herberge meiner Gedanken.

Entschlüpfen flugs ins Niemandsland,
Entschwinden sie im Hauch des Windes.
Ja irgendwann der Gedanke entschwand
Wie im Wind der hinziehenden Wolken.

So will ich die, die mir noch verbleiben,
In einer glücklichen Stunde des Augenblicks,
Eilends hier festhalten und niederschreiben,
Dabei danken dem Glück und Geschick.

Sprichwörter

Sagt man Wüste, denkt man an eine Oase
Denkt man an Weite, erscheint Zuflucht.
Denkt an Krankheit, folgt bald die Pflege.
Denkt an Furcht, Wunsch nach Trost und Hilfe.
Wer Einsamkeit sagt, denkt an Zuneigung.
Und wer Geduld spricht, denkt an eine Quelle.
Der Wind ist mein Kleid, der Regen mein Trank.
Der Wald ist mein Haus, Beeren meine Speise.
Die Wolken schenken mir ein den Wein,
Wie köstlich des Erdendaseins Perspektiven

Perspektiven

Der junge Mensch pflegt hehre Illusionen,
Die Lebensjahre sollen sich ja lohnen.
Ist gerne zum Hauen und Stechen bereit,
Ziele verwirklichen, dazu drängt die Zeit.

Erst wird gebüffelt, es kommt das Examen,
Das Leben umgibt ein glänzender Rahmen.
Aufwärts geht's, höher, man wird gescheiter,
Auf der so vielgelobten Lebensleiter.

Will schnell erreichen das gesteckte Ziel,
Möchte Gewinner sein im Lebensspiel.
Ein Verlierer, nein, das kann nicht sein,
Das wär zu viel an Schmach und Pein.

Erlaubt ist nur selten einen Blick zurück,
Nach Oben geht es, Stück für Stück.
Fragen, Unrecht, wie konnt's geschehen?
Hast du Nachbarn Sorgen nicht gesehen?

Schnell beruhigt ist eigenes Gewissen,
Auf dem besagten sanften Ruhekissen.
Man hat das Beste doch stets gewollt
Dabei manche Kastanie aus dem Feuer geholt.

Auf Lohn und Anerkennung hat man gehofft,
Sich selber dabei auf die Schulter geklopft.
Bis endlich das eigene Ego sich konnt loben,
Du hast geschafft, jetzt bist du ganz oben.

Da, plötzlich ereilt dich ein Missgeschick.
Kummer und Not sitzen dir bös im Genick.
Sprosse um Sprosse bricht einfach weg,
Und plötzlich liegt der Mensch im Dreck.

Reuegedanken stellen sich heimlich ein,
Ach, Mensch, wie bist du arm und klein.
Doch im Nachhinein ist jeder schlauer,
Ruhm und Glück sind von kurzer Dauer.

Je höher wir kommen, desto tiefer der Fall,
Illusionen zerplatzen mit einem lauten Knall.
Wohl dem, der noch Werte behalten hat,
Den setzt das Schicksal nie gleich schachmatt.

Und denkt: „Jetzt pack ich neu nochmals an".
Auch kleine Dinge können dann und wann,
Ein Menschenherze beglücken und entzücken,
Du musst es nur in rechte Licht dir rücken.

Die Hand darf bloß nicht im Schoße ruhn,
Zu vieles gibt es schließlich noch zu tun.
Mit welcher Motivation der Mensch will leben,
Eine Antwort muss sich jeder selber geben.

In der Stille

Alles Wissen der Welt in der Stille ruht,
Doch bricht es hervor, stärkt es den Mut,
Etwas zu sagen und nicht lassen das Denken,
Hin und wieder etwas selber sich schenken.

Nichts preiszugeben der lüsternen Welt,
Die nur auf einen Genius etwas hält.
Doch wie kleinkariert diese Sache ist,
Die Frage von welcher Seite man misst.

Freude

So ein Tag voll hellem Sonnenschein
Lässt jubeln ein offenweites Herz.
Macht Alltag und manche Sorge klein,
Da verflüchtigt sich jeglicher Schmerz.

Bist du erfüllt von diesem Sonnenlicht
Dann drohet dir niemals ein Ungemach.
Neigt hin nur sein warmes Angesicht,
So verblassen wollen Sorg und Schmach.

Gefasst wird ein neuer Lebensmut,
Gottes Versprechen: „Alles wird gut".
Was suchst du in einer Kummerhöhle drin?
Zuletzt muss schwelgen Herz und Sinn.

Keine Sorge an der Seel' soll nagen,
Befreie deine Stirn von tiefen Falten.
Wenn Gedanke drängt voll Tatendrang
Ist um den Tag mir nicht mehr bang.

So gesehen

Edler Wein muss langsam reifen,
Manches Jahr er sorgsam ruht,
Danach wird sich klar erweisen.
Der Jahrgang gut im Fasse ruht.

Schüttelreime

Morgenstille, reiche Fülle,
Doch zirpte da eine Grille,
Ist's vorbei mit der Stille.
Drum setze auf deine Brille
Und suche schnell die Grille,
Dann kehrt ein in der Fülle,
Zurück deine Morgenstille.
Fidel anderswo, kleine Grille

Eine Amsel sitzt auf einem Ast,
Will Ruhe halten bei der Rast.
Dort auf jenem besagten Ast.
Da brummt vorbei eine Mücke,
Kennt nicht des Vogels Tücke,
Sein' Lieblingsspeis ist 'ne Mücke.
Kleine Fliege, noch bist du frei.
Schwirr hinweg, eins, zwei, drei.

Jakob hat Lust auf rote Grütze.
Nimmt vom Haken seine Mütze,
Läuft ins Kaufhaus durch'ne Pfütze
Besorgt sich dort die rote Grütze.
Eilt zurück, sieht nun die Pfütze,
Verliert beim Sprung seine Mütze.
Fischt sie nass aus der Pfütze,
Rennt nach Hause mit der Mütze
Vertilgt vergnügt die rote Grütze.

Schlecht oder Gut

So ist es nun mal im Leben,
Die Vergangenheit zeugt davon,
Nichts war je mal vergebens,
Zuletzt offenbart es der Lohn.

Was immer ward begonnen,
Oder ferner ist noch zu tun,
Die Zeit hat Teil daran genommen,
Will still steh'n und kurz mal ruh'n.

Wenn der Mund muss schweigen,
Das Auge nicht mehr sieht,
Sich Trauerweiden tiefer neigen,
Will erklingt ein altes Klagelied.

Nur Mut, auch diese Zeit endet,
Neues beginnt, so ist das Leben.
Manches wird günstig gewendet,
Sei es im Nehmen, wie im Geben.

Abschied

Ein Gärtner durch seinen Garten geht,
Den er innig aus vollem Herzen liebt.
Gleich ihn schon kalter Wind umweht,
Er alles mit gütigem Auge besieht.

Wie wenig lässt sich mit Worten sagen,
Wenn eine Blume der Erde ist verblüht.
Was nutzen viel Worte oder ein Klagen,
Ein Gärtner mit anderen Augen sieht.

Menschen wie Pflanzen gehen dahin,
Begrenzt ist das vergängliche Leben.
Und hoffen froh auf den Lebenssinn,
Wollen nach der Zeitlosigkeit streben.

Hier wird ihr Dasein im Gedächtnis bleiben.
Nur Blüten sind vergessen, dem Herze so fern.
Meine Blume will oft in Träumen sich zeigen,
Ist so gut wie ein glänzend güldener Stern.

Weh im Herzen

Wie wenig lässt sich's mit Gedanken spielen,
Sag, wer vermag nicht mit dem Herzen fühlen?
Der größte Schmerz geht einher mit Tränen.
Doch kein Auge soll sich dessen schämen.

Nicht Kummer ist's, was Gott uns gibt.
Ist er es doch, der jeden Menschen liebt.
Erst wenn man liegt tief im Erdenstaube,
Die Welt finster scheint und dunkel wird.

Weiter hilft dir ein grundfester Glaube,
Sonne der Liebe zeitigt der Hoffnung Licht.
Lass dir das nicht durch Verzagtheit rauben.
Jeglicher Schmerz im Vertrauen erlischt.

Wissen

Wem ein liebes Wort zum Munde drängt,
Scheu nur nicht es auch auszusprechen.
Ein fragend Auge dich heute bedrängt,
Kann über die Nacht schnell brechen.

Ein geflüstert Wort ist wie milder Hauch,
Herüber weht vom Weg des Müden,
Erfreut so manchen Wanderer auch.
Versäum nicht das liebe Wort zu sagen,

Wächst es unter der Sorgen Last.
Hast du schwer daran zu tragen,
Dass du es nicht ausgesprochen hast.
Da Hilf im Nachhinein kein Klagen.

Keine Weisheit ist nur erdgebunden,
Nimm den Schleier weg von deinem Bild.
Bis dass die Seele hat zurückgefunden,
Du schweren Herzens Not gestillt.

Selbst des Daseins bangste Frage,
Endet wo es einst einmal begann.
Erfahrungsschatz vergangener Tage,
Ist mein Wissen für ein Leben lang.

Können und Sollen

Oft denkt der Mensch in seinem Tun,
Dies und das gelingt gut mir nun.
Und sieht er es mal ganz anders an,
Lässt sein Tagwerk gern kurz ruhn.

Drückt ihn noch gar des Tages Last,
Keine Tür ihm sich ihm öffnen will,
Die Hilfe bringt und erholsame Rast,
Trägt er die Sorge weiter in sich still.

Doch ein Geheimnis, das ist es nicht,
Um zu finden, was er sehr vermisst.
Ein fröhliches Herz, ein helles Licht,
Sorgt, dass der Mensch nicht vergisst.

So möge fortan ein jeder sich üben
Und in allem allseits steht's verkünden,
Den Nächsten, wie sich selber lieben.
D'rauf lässt sich bauen und gründen.

Veränderungen

Rentner werden ist heut nicht schwer,
Doch es dann, danach umso mehr.
Das Alter hat hörbar es gesprochen,
Kam peu á peu heimlich angekrochen.

Die Phase der Arbeit stahl sich fort,
Nur Rentnerdasein, kein stiller Hort.
Der Stundenplan wird neu geschrieben,
Tage gestalten, ganz nach Belieben.

Länger schlafen könnte ein Faktor sein,
Frühstücken vielleicht im Sonnenschein.
Ohne Stress und schrillendem Wecker,
Brötchen holen, drüben beim Bäcker.

Doch dann das Wissen, nie mehr ins Büro,
Kein wie, was, oder klagendes wo?
Zeitung vom Briefkasten holen, täglicher Event.
Wissensdurst eines Rentners man es nennt.

Alles beim Alten, die Welt geht nicht unter,
Nun wird der Mensch erst richtig munter.
Es folgt nun den Morgen zu gestalten,
Da gibt's zu tun manches allenthalben.

Ein Spaziergang in frischer Morgenluft.
Begleitet vom Vogelsang und Blütenduft.
Danach werden Mails sortiert, die eingegangen,
Schnell beantwortet auf mögliches Verlangen.

Schon naht schleichend die Mittagszeit.
Punkt zwölf Uhr ist nicht mehr allzu weit.
Fast zeitgenau steht's Essen auf dem Tisch,
Nach Hausfrauenart lecker und frisch.

Ein Mittagsschläfchen folgt auf den Fuß,
Danach gibt's Kaffee, welch ein Genuss.
Doch Frau meint, nichts ist wie zuvor,
Der Tag birgt Langeweile, so sein Tenor.

Laufen bergauf, bergab in der Region,
Bringt ab und an für den Tag seinen Lohn.
Nur das allein in Abhängigkeit der Zeit,
Bringt Mann und Frau ja auch nicht weit.

Darum, des Rentners Dasein tun und wollen,
Geht nicht immer ohne dem bewussten sollen,
„Könnt'schmer", „däd'schmer" kommt noch dazu.
So ist es, endlich Rentner, nun geb' halt Ruh.

Träume

Wenn Träume Flügel bekämen,
Sie flögen dahin wo das Herze ist,
In ferne, unbekannte Welten,
Dahin, wo man das Sein vergisst.

All das Irdische Wohl und Wehe
Erscheint dort im anderen Licht.
In dessen ich mich selber besehe,
Wohl aus einer anderen Sicht.

Träumen, ach was kann schöner sein,
Darin wie ein Vogel zu fliegen.
Hinein in den hellen Sonnenschein,
Im lauen Winde tragen und wiegen.

Des Lebens Krug

Das Leben gleicht zu weil einem Kruge,
Dem zugeflossen ist in vollem Zuge,
Viel Freuden, Glück, auch tiefe Sorgen,
Ängste oder Mutlosigkeit vor'm Morgen.

Dabei bleibt häufig im Dunkel verborgen
Des leidenden Menschen bitteren Pillen.
Ohn' Erbarmen bis zur Neige muss leeren,
So ist bestimmt, des Menschen Erdenlauf.

Keiner kann sich dem Schicksal erwehren,
Wenngleich er sich wendet und aufbegehret.
Oder er nimmt es in Stille geduldig in Kauf.
Wieviel Jahre fügen sich im Lebenslauf.

Wenn dann der Krug noch nicht entzweit.
Erfreue dich am neugeborenen Morgen,
Keiner weiß was der Tag noch hält bereit.
Denn dieser hat auch seine eigenen Sorgen.

Zeitgeist

Vergangenheit und bloße Gegenwart,
Möchten manches uns noch erzählen.
Im Alter uns gar so manches noch harrt,
Wer will heut' aber sich damit quälen?

Denkt man die Zeit, so ist sie weiblich.
Der Zeit entsprechend auch männlich.
Das zeitigt Dinge, die keiner braucht.
Heilt Wunden, birgt kleine Schwächen.

Will sich ab und an sich böse rächen,
Sucht und verändert manchen Ort.
Trägt dich mal hin und wieder fort,
Lässt Menschengeist einfach walten.

Endlich will sie wieder neu gestalten,
Was in die Zukunft weißt und walten.
Drum wohl, wem Zufriedenheit eigen ist,
Nicht Zeiten nach dem und jenem misst.

Ungewisses

Manch Unheil naht in kleinen Sprüngen,
Sein Opfer darf's nicht gleich seh'n.
Sollte es ihm mal erfolgreich gelingen,
Will Seit an Seit mit ihm einhergehen.

Scheue nicht es in die Flucht zu treiben.
Unverstand will ich entgegen schreiten.
Nicht bauen auf einen Palast im Winde.
Gefestigt im Hier sein als Erdenkinde.

Kein Drachen, der schnell zur Erde fällt.
Denn Unheil geht ganz sachte zu Werke,
Und dieses zeigt seine größte Stärke,
Dem unentschlossen Ängstlichen der Welt.

Rauschen im Wind

Der dunklen Tannen feines Rauschen,
wie flüsterndes Klagen umfängt ihn.
Der Wanderer will ein wenig lauschen
Doch zügig muss er weiter ziehn.

Versunken in grübelnden Gedanken,
Sie steigt herauf, die Vergangenheit.
Will gerne sich etwas darin versenken,
Grenzenlos ohn' jegliche Schranken.

Horch, sie holen ihn in die Gegenwart,
Die Zukunft morgen schon dir harrt.
Wirst täglich dabei ein wenig älter,
Schöner dir werden Tal und Wälder.

Weit oben auf einem Berge zu stehen,
Ein weiter Blick schweift hinaus ins Tal,
Ringsum unglaubliche Wunder sehen,
Das lässt schweigen Sorg' und Qual

Dort wo sich die Wolken dunkel färben,
Das müde Herze sinkt hin zum Sterben,
Der Himmel sperrt weit die Pforten auf.
Und weiter nimmt jeder Tag seinen Lauf.

Vergessen

Versuche Vergangenheit zu töten,
Jegliche Erinnerung auszulöschen.
Sie bleiben hartnäckige Wesen,
Will schweigen und nicht sterben.

Kannst ein Stück Papier verbrennen,
Das beschrieben dein Leben benennt.
Erhebt sich selbst noch aus der Asche,
Bleibt im Herzen verwurzelt und bewahrt.

Verlöscht nur, wenn wir selber es wollen.
Lieb' ist ‚ne Maid im Herzen bewahren,
Die Lehren des Lebens uns nicht genommen.
Ihr Preis hat gar so manchen hart genarrt.

Doch hat es sich gezeigt mit stolzer Habe.
Will wachen über Ruf und Ehr, die Gabe.
Starke Flügel ich bald verliehen bekam.
Will Falschheit bekämpfen, ohne Scham.

Denn Falsch eine echte Liebe duldet nicht,
Wie Dunkel dem Licht muss sofort weichen,
Kein Hass die liebenden Herzen gebricht.
Denn Liebe duldet, sie will Rosen gleichen.

Dem lieben Menschen Dank gebührt

Wieder ist ein Jahr gelebte Vergangenheit
Überraschungen hatte es uns auch gebracht.
Doch trotz Sorgen, Krankheit, Müh und Leid,
Wurde zuweilen gefeiert und herzlich gelacht.

Liebende Herzen, gebend-warme Hände,
Wurden Trost und Hilfe in der rechten Zeit.
Dem folgte Ruhe und beglückende Wende.
Hoffnung uns begleitet und viel Zuversicht.

Will rühmen deine Taten, die ohne zu fragen,
Was dir dafür am Ende wohl noch wird?
Einfach nur da sein für einen Menschen,
Im Wissen, dass ein liebendes Herz nie irrt.

Dem Nächsten verschenken ohne zu fragen,
Das ist für dich selbstlos das gesteckte Ziel.
Willst den Egoisten ein Schnippchen schlagen
Und Taten des Herzens kosten nicht viel.

Leser-Information zu Walter W. Braun

Der Autor, Jahrgang 1944, ist Kaufmann mit abgeschlossenem betriebswirtschaftlichem Studium. Bis zum Ruhestand war er als Handelsvertreter aktiv. Um dem Tag Sinn und Struktur zu geben, begann er Bücher zur eigenen Biografie oder Fiktionen zu unterschiedlichen Themen – teils mit realem Hintergrund – zu schreiben. Es ist ein Zeitvertreib und spannend, wie sich von einer Idee, der Bogen zwischen fiktiver Geschichte hin zu einer schlüssigen Story entwickelt. Wichtig ist es dem Autor, dem Leser ohne große Schnörkel und literatursprachlichen Raffinessen, Unterhaltung zu bieten, oft ergänzt mit seiner subjektiven Meinung. Er will durch seine Erzählungen zudem Hintergrundwissen vermitteln, Hinweise auf landschaftliche oder historische und geschichtliche Besonderheiten geben und mit informativ bildhafter Darstellung an reale Plätze führen, wo sich die dargestellte Handlung abgespielt hat. Wenn es den Leser anregt sich selbst vom Handlungsort, den Schauplätzen, ein Bild zu machen, ist das Ziel erreicht.

www.schwarzwaldautor.de

Weiterlesen? Im Handel erhältliche Titel des Autors:

Alle Bücher sind kurzfristig bei BoD, Buecher.de (versandkostenfrei), Amazon und anderen im Internethandel erhältlich, ebenso im örtlichen Buchhandel, sowie als E-Books.
Mehr: **www.schwarzwaldautor.de**

Leben ist Glück genug - Vom Schwarzwald zur Seefahrt bei der Marine
Paperback, 280 Seiten, 8 Farbbilder, ISBN 9-783-735-743-411
Aufwärts ist längst nicht oben
Paperback, 356 Seiten, 35 Farbseiten, ISBN 9-783-735-739-056
Top-Touren im Südwesten - für geübte und konditionsstarke Wanderer
Paperback, 160 Seiten, 45 Farbseiten, ISBN: 9-783-750-431-430
Zu Fuß dem Südwesten hautnah 111 Tipps und mehr - ein etwas anderer Wanderführer
Paperback, 260 Seiten, 46 Farbbilder, ISBN 9-783-738-628-814
Deutsch-Französische Liaison - C'est la vie
Paperback 132 Seiten, 9 Farbbilder, ISBN **978-3-739-223-629**
Zwei ungleiche Brüder im Fadenkreuz des Schicksals
Paperback, 140 Seiten, 9 Farbseite, ISBN 978-375-266-046-3
Drama am Breithorn
Paperback, 108 Seiten, 6 Farbbilder, ISBN 9-783-734-765-131
Mord in Hintertux - Tatort Zillertal
Paperback 104 Seiten, 18 Farbbilder, ISBN 9-783-739-215-136
Der Spieler - Ein ungewöhnlicher Kriminalfall
Paperback, 132 Seite und 6 Farbbilder, ISBN 9-783-734-776-199
Zu fit für den Ruhestand - zu alt für einen Job
Paperback, 108 Seiten, 11 Farbbilder, ISBN 9-783-735-743-213
Im Banne des Moospfaff - Nordracher Unternehmer-Saga
Paperback, 120 Seiten, 10 Farbseiten, ISBN 9-783-751-923-866
Dunkel überm Eulenstein - Tragödie auf der Bühlerhöhe
Paperback, 144 Seiten, 12 Farbseiten, ISBN 9-783-741-299-490

Reflexion des Lebens in Lyrik und Prosa
Paperback, 140 Seiten, 23 Farbseiten, ISBN 9-783-741-276-576
Glauben ist einfach - oder einfach glauben
Paperback, 340 Seiten, 25 Farbseiten, ISBN 9-783-735-722-829
Lach mal wieder - Eine Sammlung von 163 Liedern, Vorträgen und Sketchen
Paperback, 292 Seiten, 17 Farbbilder, ISBN 9-783-741-228-766
Über Grenzen gehen Go beyond borders - oder wenn einer eine Reise tut...
Paperback, 380 Seiten, 25 Farbseiten, ISBN 13: 978-375-433-406-5
Sabotage im Weinberg - Tatort Durbach
Paperback, 124 Seiten, 12 Farbseiten, ISBN 9-783-741-297-250
Mein Freund der Alkohol -
Kritische Betrachtung eines ambivalenten Genussmittels
Paperback, 244 Seiten, 18 Farbseiten, ISBN 9-783-743-138-612
Der Eremit vom Wilden See - Ein entschlossener Aussteiger
Paperback, 288 Seiten, 24 Farbseiten, ISBN 9-783-753-464-275
Der Seppe-Michel vom Michaelishof - Eine Schwarzwald-Saga
Paperback, 304 Seiten, 23 Farbseiten, ISBN 9-783-746-026-308
Michaelishof - Eine Tochter muss sich behaupten
Schwarzwald-Saga Teil 2
Paperback, 336 Seiten, 23 Farbseiten, ISBN 9-783-744-840-392
Glauben ist einfach - oder einfach glauben
Paperback, 420 Seiten, 24 Farbseiten, ISBN: 9-783-754-309-322
Gottes Wesen verstehen
Paperback, 256 Seiten, 12 Farbseiten, ISBN 9-783-751-972-734
Der Selfmademan - Eine Unternehmer-Saga
Paperback, 348 Seiten, 18 Farbseiten, ISBN 13: - 9-783-754-325-667
Leben im Corona-Nebel
Paperback, 220 Seiten, 9 Farbbilder, ISBN: 9-783-752-610-161